股票

之八大涨停板战法

许 明 著

交易

八大涨停板战法

主流热点战法　　起爆点战法　　主升浪战法　　颈线战法

日线空中加油　　周线空中加油　　日线超级主力　　周线超级主力

经济管理出版社
ECONOMY & MANAGEMENT PUBLISHING HOUSE

图书在版编目（CIP）数据

股票交易之八大涨停板战法 / 许明著 . -- 北京：
经济管理出版社 , 2024. -- ISBN 978-7-5096-9819-8

Ⅰ. F830.91

中国国家版本馆 CIP 数据核字第 20243LM893 号

组稿编辑：杨国强
责任编辑：赵天宇
责任印制：许　艳
责任校对：蔡晓臻

出版发行：经济管理出版社
　　　　　（北京市海淀区北蜂窝 8 号中雅大厦 A 座 11 层　100038）
网　　址：www.E-mp.com.cn
电　　话：（010）51915602
印　　刷：唐山昊达印刷有限公司
经　　销：新华书店
开　　本：710mm×1000mm/16
印　　张：14.75
字　　数：242 千字
版　　次：2025 年 3 月第 1 版　　2025 年 3 月第 1 次印刷
书　　号：ISBN 978-7-5096-9819-8
定　　价：48.00 元

前言

投资的路到底要怎么走？很多人都会有迷茫、困惑的时候。综观整条投资路，有巴菲特、西蒙斯、索罗斯等"大神"，靠交易赚得百亿元甚至千亿元，但也有很多失败者。

交易世界是颠倒过来的，一般人认识不到这一点。

很多人一味贪求暴利，每年都想着投资益利能翻几倍，每次都满仓，最终很容易赔钱。

一味追求稳定盈利，始终强调风险控制，把保住本金放在第一位的巴菲特，平均年化收益率为21%，61年下来，复利增长，翻了7.7万倍，他获得的是暴利中的暴利。

下面我们来看看"股神"巴菲特的历年收益情况和复利增长的奇迹。

表0-1 巴菲特历年收益率统计

年份	第N年	年收益率（%）	模拟累计净值	年化收益（%）
1957	1	10.5	1.11	10.50
1958	2	40.9	1.56	24.78
1959	3	25.9	1.96	25.15
1960	4	22.8	2.41	24.56
1961	5	45.9	3.51	28.56
1962	6	13.9	4.00	25.99
1963	7	38.7	5.55	27.73
1964	8	27.8	7.09	27.74
1965	9	23.8	8.78	27.30
1966	10	20.3	10.56	26.58

年份	第 N 年	年收益率（%）	模拟累计净值	年化收益（%）
1967	11	11.0	11.72	25.08
1968	12	19.0	13.95	24.56
1969	13	16.2	16.21	23.90
1970	14	12.0	18.15	23.01
1971	15	16.4	21.13	22.55
1972	16	21.7	25.72	22.50
1973	17	4.7	26.92	21.37
1974	18	5.5	28.41	20.43
1975	19	21.9	34.63	20.51
1976	20	59.3	55.16	22.20
1977	21	31.9	72.76	22.65
1978	22	24.0	90.22	22.71
1979	23	35.7	122	23.25
1980	24	19.3	146	23.08
1981	25	31.4	192	23.40
1982	26	40.0	269	24.00
1983	27	32.3	355	24.30
1984	28	13.6	404	23.90
1985	29	48.2	598	24.67
1986	30	26.1	755	24.72
1987	31	19.5	902	24.54
1988	32	20.1	1083	24.40
1989	33	44.4	1564	24.97
1990	34	7.4	1680	24.41
1991	35	39.6	2345	24.82
1992	36	20.3	2821	24.69
1993	37	14.3	3224	24.40
1994	38	13.9	3672	24.11
1995	39	43.1	5255	24.57

续表

年份	第 N 年	年收益率（%）	模拟累计净值	年化收益（%）
1996	40	31.8	6926	24.74
1997	41	34.1	9288	24.96
1998	42	48.3	13774	25.47
1999	43	0.5	13843	24.83
2000	44	6.5	14743	24.38
2001	45	−6.2	13829	23.60
2002	46	10.0	15212	23.29
2003	47	21.0	18406	23.24
2004	48	10.5	20339	22.96
2005	49	6.4	21640	22.60
2006	50	18.4	25622	22.51
2007	51	11.0	28441	22.27
2008	52	−9.6	25710	21.57
2009	53	19.8	30801	21.53
2010	54	13.0	34805	21.37
2011	55	4.6	36406	21.04
2012	56	14.4	41649	20.92
2013	57	18.2	49229	20.87
2014	58	8.3	53315	20.64
2015	59	6.4	56727	20.39
2016	60	10.7	62797	20.22
2017	61	23.0	77240	20.26
2018	62	0.4	77549	19.91

　　数学天才西蒙斯，在40岁那年缔造了量化投资的先驱——文艺复兴科技公司，并将其打造成历史上最成功的投资公司之一。1988~2019年，西蒙斯的大奖章基金扣除税费后年化收益率为39%，翻了19518倍。

　　通过比较，我们可以发现巴菲特和西蒙斯的两大共同点：

　　第一点：风险控制做得好，亏损的年份非常少。巴菲特61年中只有2

年亏损，而且亏损不超过 10%。西蒙斯 30 年只有 1 年小亏损。

第二点：平均年化收益率都不高，但都实现了长期稳健复利增长。

反观很多投资者，动不动就想翻倍，每天都想着怎样抓个涨停板。我做过一个调查，90% 以上的散户投资者对年化 21% 的收益表示看不起，觉得自己比巴菲特更强，但最终的结果却是，很多的散户投资者在股市上、期货市场上伤痕累累，真正做到持续稳定复利增长的人寥寥无几。

巴菲特曾经说过：没有多少人愿意慢慢地变得富有。

多数人都是中了"暴利的毒"。只看到别人一年翻几十倍，看不到别人冒的是倾家荡产的风险。

举个惨痛的例子：消失的伯克希尔"第三巨头"——瑞克·格林。

曾经的伯克希尔"铁三角"，为何之后的故事中却没有了瑞克·格林的身影？

时间回到 1973~1974 年的股市寒冬，瑞克的合伙企业在这两年分别下跌 42.1% 和 34.4%，雪上加霜的是，瑞克的投资风格过于激进，始终携带杠杆。当基金在两年内重挫近 70% 时，他因此接到了保证金补缴的通知。而瑞克却因为手头拮据，不得不把手中 10 万股蓝筹印花公司的股票，以每股 5 美元的低价卖给了巴菲特。

有人在 2007 年时重提这段历史，巴菲特分享了自己的想法：查理和我一直都知道，我们会变得非常富有。但我们并不急于变得富有，因为我们知道它会发生。瑞克和我们一样聪明，但他总是太急了。

故事的结尾，大家可能都知道了。1983 年伯克希尔和蓝筹印花公司合并，每一股蓝筹印花换得 0.077 股伯克希尔股份，而伯克希尔从 1983 年至 2020 年底上涨近 450 倍，如今股价已经超过 40 万美元。难以预料的市场波动和激进的杠杆投资，使瑞克失去了名留青史的机会。

我希望大家都能够做一个长期主义者，追求长期稳健复利增长，慢就是快！

追求短期暴利 = 失败。

稳健长久盈利 = "大神"。

我之所以写这本书，是为了让朋友们看到除追求短期暴利外，还有另外的一条投资之路可以走，甚至还能"封神"。

这条路就是追求长期稳健复利成长，最终也能达到我们的投资目标。

降低你的期望值，降低你的风险度，平平安安地赚钱，开开心心地生活。

如果为了赚钱而赌上全部财产，去搏一把，很有可能会酿成悲剧。有很多失败的案例就摆在我们的面前。交易不是赌博，更不能以赌徒的心态参与到交易中。

一失足成千古恨，再回头已百年身。

人生路很漫长，我们要学会用时间来换空间，用时间来换金钱。时间是世界上最伟大的赚钱工具。

许明

2024 年 1 月 20 日

目　录

第一章 如何认知世界

世界既是混沌的，又是有规律的，我们要在混沌中去寻找规律。

行情是随机的，但又有一定确定性规律。我们要学会运用概率论和数理统计的方法，帮助我们做好决策。拓宽我们的视野，放大我们的格局，实现完美人生。

第一节　肉眼可靠吗?

一、冰山理论

图 1-1

资料来源：pixabay.com.

冰山理论：肉眼看不到的东西，往往才是最关键的。

我们要积极寻求方法，突破自身局限，争取不但看见水上的 10%，还要看到水下的 90%。

在很多人的认知中，眼睛看见的物质才是真实存在的，而那些肉眼看不见的东西，如思想、灵魂、第六感等，往往会被认为它不是真实存在的。

事实上，如果从科学的角度分析，物质实际上包括可见物质和不可见物质。不可见物质是指那些充满宇宙的暗物质，便是典型代表，普通物质只占 4%，暗物质占 23%，暗能量占 73%。

图 1-2

资料来源：unsplash.com.

二、仙女座大星云

我们用肉眼能看到的东西，实在是太局限了。对于认知世界来讲，完全不够用。

那么，我们要如何认知世界？

一定要借助先进的工具和科学的方法。比如，借助雷达，我们可以发现几千千米以外的飞机；借助天文望远镜，我们能发现距离地球 200 亿光年的星系。

　　分析金融市场行情，单凭肉眼没有办法满足我们的要求，同样要借助先进的工具和方法。我们要学会站在更高维度去观察，在运动变化中观察。把它放在特定的时空环境中观察。

第二节　混沌与规律

图 1-3

资料来源：pikwizard.com.

　　我们的银河系表面上看起来是一片混沌，然而在混沌的背后，又隐藏着无数的规律。

　　如果科学不够发达，我们还处于蒙昧状态，那么我们就可能认为一切杂乱无章，完全随机，毫无秩序可言。但是，现在科学已经非常发达，我们有能力探索宇宙和天体的奥妙。

　　地球自转周期：23 小时 56 分 4 秒。

　　地球公转周期：365 天 6 小时 9 分 10 秒。

　　地球公转速度：29.78 千米 / 秒。

火星自转周期：24 小时 37 分 22.7 秒。

火星公转周期：686.971 天。

火星公转速度：24.007 千米 / 秒。

世界既是混沌的，又是有规律的。

我们要学会在混沌中寻找规律。

整个银河系表面上看似是混沌的，但我们知道太阳系作为银河系的一份子，各大行星运行是有规律的。

我们的股票和期货市场既是混沌的，也是有规律的，我们要运用科学的分析方法，找出它们的内在规律。

第三节　随机性与确定性

美国气象学家洛伦兹建立了一个描述大气对流状况的数学模型。洛伦兹动力学方程描绘出的运动轨迹具有一种奇特的形状，像一只展开双翼的蝴蝶，所以又称为"蝴蝶效应"。

在这个蝴蝶上，确定性和随机性被统一在一起：

一方面，运动的轨迹必然落在蝴蝶上，绝不会离它而去，这是确定性的表现，表明系统未来的所有运动都被限制在一个明确的范围内。

另一方面，运动轨迹变化缠绕的规则是随机性的，任何时候你都无法准确判定下一次运动的轨迹将落在蝴蝶的哪一侧翅膀上的哪一点上。

这个系统运动的大范围是确定的、可预测的，但运动的细节是随机的、不可预测的。

蝴蝶效应说明了两方面的意义：

一方面，样本总体（特征向量）的取值范围一般是确定的，所有样本对象（包括已经存在的和未出现的）的取值都位于此空间范围内。

另一方面，无论收集再多的样本对象，也不能使这种随机性降低或者消失。

因此，随机性是事物的一种根本的、内在的、无法根除的性质，也是一切事物的本质。

图 1-4

来源：pixabay.com

接下来我们看一下概率论，这对于交易会大有启发。

概率论：对事物运动这种不确定性（随机性）的度量就是概率论。

概率论的相关术语也许需要了解一下。

样本（样本点）：原指随机实验的一个结果，可以理解为矩阵中的一个对象。

样本空间：原指随机实验所有结果的集合，可以理解为矩阵的所有对象。

随机事件：指样本空间的一个子集，可以理解为某个分类，它实际指向一种概率分布。

随机变量：可以理解为指向某个事件的一个变量。

随机变量的概率分布：给定随机变量的取值范围，导致某种随机事件出现的可能性。从机器学习的角度看，是符合随机变量取值范围的某个对象属于某个类别或服从某种趋势的可能性。

随机现象虽然存在不确定性，但还是有些规律的：

80 岁以上老年人的牙齿一般比青年人的牙齿少；

3 月 1 日，深圳气温比北京高；

抛一枚硬币，出现正面和反面的可能性是一样的。

我们可以统计随机性的规律。

概率统计是专门研究随机现象规律性的学科。

随机现象的广泛性，决定了概率统计的极端重要性。

确切来说，概率论和数理统计是两个学科。

概率论是数学的一个分支，研究如何定量描述随机现象及其规律。

数理统计对数据进行收集、整理、分析并建立统计模型，从而对随机现象的某些规律进行预测或决策。

大数据时代的来临，为统计学的发展带来了极大的机遇和挑战。

学习《概率论和数理统计》，首先是学思想。概率统计特殊的研究对象包含了独特的思维方式和思想方法，特别是如何看待和处理随机规律性，这是其他学科中没有的。例如，以比较各种事件出现的可能性的大小进行决策的思想。

其次是学方法。定量描述随机现象及其规律。例如，收集、整理、分析数据，从而建立统计模型的方法。

再次是学应用，尽可能多地了解各种概念的背景，各种方法和模型的实际应用。例如，在金融市场上的实际应用。

最后是学软件。数据处理的最终结果必然通过计算机实现。例如，掌握统计软件的使用并分析其结果。

学习概率论和数理统计，要达到以下目标。

对于"随机"要有足够的认识，能随时随地地用"随机"的观点去观察、看待、处理周围的事物。例如，探索金融市场中随机现象的规律性。

对于"数据"有兴趣、有感觉。即要善于发现、善于利用、善于处理周围的数据。例如，根据股票的各个时期的涨跌来判断牛市和熊市。

我们在交易过程中，经常会用到概率统计分析方法。

对了，就是确定性。

不对，就是随机性。

确定性，我们要赚大钱。

随机性，我们可亏小钱。

第四节　大概率思维

马恺文出版了一本名叫《大概率思维》的书。他毕业于麻省理工学院，擅长数学，尤其是数理统计。他通过掌握概率知识，成功破解了美国赌场的 21 点游戏，从而让全美赌场成了自己的提款机。

他自称"数牌客"，所用的方法就是通过记住已经出现的牌来推测接下来会出现的牌的概率，以此获得优势。举个例子，如果你已经把 51 张牌全部记了下来，而 A 还没出现，那么最后一张牌是 A 的概率就是 100%。

当然，在实际操作中不可能等到 100% 赢钱时才出手，一般的程序是先由同伴在上半局记牌，然后马恺文在下半局入场。根据已掌握的数据进行推测，这样做一般都会得到比庄家多 4% 左右的优势。

别小看这 4% 的优势，意味着如果马恺文的取胜概率是 52%，则庄家的取胜概率就是 48%。通俗的说就是，每玩 100 次，马恺文就会多赢 4 次，所以只要持续地玩下去，赢钱是早晚的事，这就是大概率思维。

当然，道理好懂，操作困难。首先，判断出具有 4% 的优势后再下场，这需要专门的训练。其次，即便已经判断出具有了优势，还是不一定能赢，因为这个优势只是一种概率，而不是每局确定的结论。

运用大概率思维要注意以下三个方面：

一、要把眼光放长远，要克服波动性对心理的影响

这里说的波动性指胜负的出现具有偶然性，即便确定在 100 次赌局中，你将会获胜 52 次，但却不能判断出这 52 次到底会出现在哪一局。这就会带来一个问题，假如你已经连续输掉了 20 次，那你还会不会相信概率？你还会不会按照既定的原则去下注？

从概率思维的角度看，即便连续输掉 48 次都没有问题，从第 49 次开始你将一路凯歌，但在真实的环境中，人们很难接受连续失败的打击，如果这时候旁人再指责你的做法，那么大多数人都会开始怀疑自己最初的决策。

人们习惯于用结果判断决策的对错。其实，生活中很多时候决策并没有问题，只是事情恰巧进入了负面波动区而已，如果能坚持下去，用长期视角看待事物，迟早会见到曙光。

马恺文和他的 21 点团队时刻提醒自己，不要人云亦云，更不要担心失败，因为即便确定地站在胜利一边，你还是要经历很多次失败。

二、统计量真实与否决定决策是否正确

既然结果不能证实决策是否正确，我们该怎么评判决策呢？马恺文认为，正确的决策应该建立在符合实际的统计数据基础上，就如21点游戏的胜负建立在数牌准确的基础之上。当你需要作出更好的决策时，你就要问自己两个问题，我需要知道什么？如何从值得信任，没有偏差的源头获得这些信息？

当然这取决你希望自己成为什么样的人，如果只是想在生活中做一个顺其自然、随波逐流的人，那用不着如此费力。而如果你想像马恺文一样，成为胸有成竹、掌控命运的人，那么早些建立自己收集数据的框架，你的决策就会得到改善。

为了提高统计数据的准确性，马恺文提出了以下四条建议：

（1）统计数据必须可以客观测量，统计指标要最大限度避免主观色彩。

（2）统计量应该容易理解，要做到简单清晰。

（3）统计量不会被操纵。

（4）统计量要真正有用。马恺文认为不能因为真正有价值的数据不容易得到就转而去统计一些容易得到但价值不大的数据。

除此之外，在收集数据时，马恺文重点强调了要避免证实性偏差和选择性偏差对数据的不良影响。

证实性偏差指总采用那些能够支持自己观点的数据，而忽略反驳自己观点的数据。例如，我们买入了一只股票，就会重点关注并采信那些利好该股的消息，而对于利空的消息视而不见，听而不闻。所以，一定要警惕决策仅出自于主观认可的数据，容易导致出现用拙劣证据证明拙劣想法的局面。

选择性偏差指我们常常会基于可见到的数据做决定，反而忽略没有看到的数据。二战时，美国军方准备加强战斗机的装甲防护，在统计机身上被打中的弹孔位置后，决定在弹孔最集中的部位进行加固以抵抗敌方火力。这个决策表面看没有问题，实际上却犯了选择性偏差。

其实弹孔最多的地方恰恰是不用提高防护的位置，因为即便受到如此重

创还能飞回来说明这里并不需要加固，而那些没有返回的飞机应该是其他位置被击中最终导致了坠毁，所以该加固的反而是弹孔最少的部位。

这就是选择性偏差对决策的影响，我们很容易只关注看到的数据，反而忽略看不到的数据。想要做出优质的决策，要考察所有的数据，而不能断章取义，抽取某一时期或某一部分作为样本。

同时，利用数据时还要注意一个重点——数据的价值并不是等价的，有些数据看似重要其实没有价值。比如，一只股票涉及很多数据，如每股收益、营收、成交量、换手率、市盈率、市净率等，对价格起决定作用的绝对不是换手率、成交量的数据，更多的是基本面数据。

三、克服"损失规避"和"不作为"的心理倾向

想做出正确的决策，得到真实的数据还不行，还要克服心理障碍。马恺文根据对赌场的观察发现，即便有了正确的数据，人们在某些心理因素的作用下还是无法正确行事。在《大概率思维》中，他重点提出了应该避免"损失规避"和"不作为"两种心理障碍。

损失规避指潜在损失对人们的影响要高于同等价值的收益对人们的影响。也就是说，人们更重视避免损失。这种心理会让人倾向于获得眼前利益而不再为了远大目标去冒险。比如，在投资活动中，如果已经确定一笔钱会带来固定的收入，那么人们倾向于不再把这笔钱用于能够产生更多收益但有一定风险的项目，即便盈利能超过50%也会无动于衷。按照大概率思维，如果你有足够的本钱一直参与项目，那就应该果断参与。我们的目标应该是收益的最大化，而不是小富即安。

不作为倾向指人们倾向于接受不行动带来的失败，而不愿意接受行动带来的失败或坏结果。这是人类与生俱来的行为倾向，很多人对这个问题做过探讨。凯恩斯说过"社会经验告诉我们，为了名声，人们宁可以传统的方式失败，也不要以违反传统的方式成功"，温水煮青蛙其实说的也是这个意思。

马恺文在21点游戏中发现，总体上来说，人们倾向于保守，他们更希望庄家自己"爆牌"从而获得胜利，而不是自己要牌提高点数获胜。马凯文

将其称为"不想输的玩法",但经过统计发现,同不作为的玩家相比,那些按照概率策略主动要牌的人获胜的次数竟然是前者的 20 倍。

当然这里并不是鼓励做什么都要主动,其实不做决定也是一种决定。问题的关键并不是主动出击还是消极等待,而要贯彻始终如一的策略。要以相同态度对待所有的决定,因为波动性的存在,你不能因为暂时的失利就开始不作为,也不能因为一时的好运气就急功近利,所有的决策都要做到心中有数。

比如,在股票的买卖上,如何判断该不该持有股票呢?可以假定股票现在不在你的手上,那么你会以现在的价格去购买它吗?如果答案是肯定的,你就应该持有;如果是否定的,就应该马上卖掉。避免不作为就是要做到买和卖背后的依据是一致的,都是你对这只股票的估值。而不能因为是自己持有就高估股票的价值,明明看到下跌也不卖,这就进入了不作为的心理陷阱。

《大概率思维》通过对数学知识的解析,探讨做事情什么时候应该坚持,什么时候应该改变。作者并没有把这种思维局限于确定概率的赌博游戏中。同时,书中还广泛探讨了大概率思维在商业、体育和生活中的应用。正如作者所说,每当你制定政策或者改变规则时,都应该确保自己知道在做什么。为了改变而不会改善事情,唯一正确的途径是以全面的视角看待当前局面,找到大概率能赢的赛道,然后一往无前。

人生赢家大多是概率赢家。用概率为正确决策保驾护航。从长期看,信仰概率和信仰真理几乎没有区别。

(盈利的概率 × 可能盈利的金额)-(亏损的概率 × 可能亏损的金额)=结果

这是巴菲特一直试图做的方法,这种算法并不完美,但事情就是这么简单。

就交易而言:

当你知道某件事发生的概率很高时,你就对这件事情进行下注。

我们知道市场上有一个理论,叫作均值回归理论,价格围绕价值上下波动。价格涨得太高和跌得太低,都会以很高的概率向价值中枢回归。

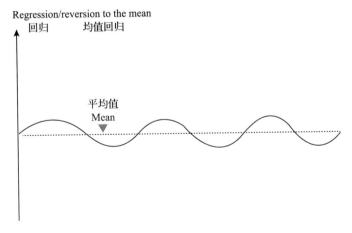

Regression/reversion to the mean
回归　　　　均值回归

平均值
Mean

图 1-5

段永平在 2003 年以 5 美元成本买入每股净资产高达 50 美元的 UHAL（UHAL 是一家以拖车租赁为主业的公司），并且在 2006 年以 100 美元卖出。这就是非常成功的大概率思维的运用。

第五节　人工智能与量化交易

说起量化交易，不能不提西蒙斯。

一、数学天才

西蒙斯出生于 1938 年，14 岁时就有一个梦想：到顶尖学府——MIT 学数学。他申请后的确被录取了，用他自己的话说，"命中注定要来到这里"。

以后 10 多年，天才少年西蒙斯的发展便沿着一条经典的数学家进阶之路，进展得很顺利：

20 岁毕业于麻省理工学院数学系；

23 岁在加州大学伯克利分校拿到博士学位；

24 岁去哈佛大学任教；

26 岁被国防部分析研究所请到普林斯顿，表面上搞研究，实则为军方破解密码，但"过于精通世故"的他因为在报纸上公开发表"反战"言论，又私下接受记者采访，从而被国防部解雇，这是西蒙斯第一次被解雇，也是最后一次；

30 岁在石溪大学当上数学学院院长，原因之一是可以解雇人，而不用担心再被解雇……

西蒙斯在 1974 年和陈省身联合创立了著名的 Chern-Simons 理论，这一定理成为解决庞加莱猜想证明的重要途径，后来也成为弦理论的基础。两年之后，西蒙斯获得了每五年颁发一次的全美数学科学维布伦（Veblen）奖金，这是几何世界里的最高荣誉。

他还申请过诺贝尔奖，但遗憾的是并没有获此荣誉。

如今，在西蒙斯办公室的一面墙上还挂着一幅被称为 Chern-Simons 方程的画，40 多年来，这个方程定义了许多的现代物理学定理。

二、不惑之年，转向投资

40 岁时，西蒙斯决定另起炉灶，把目光转向投资。1978 年，西蒙斯在靠近石溪大学的商业区成立了一家公司，这家公司就是对冲基金公司文艺复兴科技的前身。

西蒙斯将后来的公司取名"文艺复兴"，颇有向 500 多年前那场轰轰烈烈的欧洲文化运动致敬的意味。如果说当年欧洲文学、艺术、哲学等领域内的大师们将人类文化推上一个发展的高峰，那么"文艺复兴科技"则借助科技的力量攀上金融领域的财富顶峰。

西蒙斯一开始只是进行各种基于基本面的交易（Fundamental Trading），"毫无章法，苦不堪言。"凭借着数学家的直觉，他认为在市场上一定可以用更符合统计学的方式挣到钱。于是，他聘请了当年在军方工作时结识的一位数学家，共同创建预测货币汇率方向的模型。

20 世纪八九十年代，大多数投资界人士还在靠阅读年报、与高管聊天以及依靠直觉进行投资决策，西蒙斯就在用电脑进行交易。早期，他没有雇佣任何华尔街背景的精英，而是从大学和国家实验室里挖来科学家和数学家。就这样一帮学术狂人建立了数据预测模型，创造了尚未被市场认可的量化交易模式，西蒙斯的部分模型使用了机器学习的早期算法。

20世纪80年代，不少投资公司都使用该模型进行交易投资，但他们的宗旨是模型得出的结论仅给交易员提供参考意见。然而，西蒙斯是完全依靠模型做交易的。

三、解码金融模型

西蒙斯引用"有效市场"（Efficient Market）的理论，他说其实数据里面什么也没有。比如，价格数据会预示未来的种种情况，所以某种程度上说价格总是对的，但事实上不是，包括历史数据在内，数据里也会表现出一些异常情况。

不过渐渐地，西蒙斯领导的团队发现了越来越多的异常情形。其中没有一种应该作为极端异常的情形被排除在外。它们属于细微的异常，但将这类微妙的异常集合在一起，就可以开始准确预测某些事。

投资者最关心的莫过于模型有多精密？是方程式和算法类的庞然大物，还是简单的东西？

西蒙斯说，今天的模型系统相当精密，它应该算"机器学习"。

你发现一些可以用于预测的模式，会猜测哪些是有预见性的，然后在电脑上测试，测试结果可能猜对了，也可能猜错了。接下来，你利用长期历史数据、价格数据等信息做测试，最后把它们加入系统，如果有效就留在系统里，如果无效就剔除。

因此，西蒙斯认为，系统不存在什么精密的方程式，至少在预测这个环节没有。但预测不是系统唯一的环节，还必须了解交易时的成本，因为一旦交易就可能影响市场动向。普通散户买200股不会产生影响，可要买200万股就会推高价格。

那么问题来了：价格会被你推高多少？会不会因为那么做过于扭曲市场，让自己也没法获利？所以必须了解成本，必须明白怎样尽量减少波动，减少自己所有持仓的波动。西蒙斯说，满足这部分要求，应用一些非常复杂的模型数学，也不是什么惊天动地的高深学问，但可是很复杂。

此外，这个模型是只涉及数学领域，还是多个领域？

西蒙斯没有透露具体用了哪些理论，而是说大部分用到统计学和概率论。模型的研究范围很广泛，涉及各类可能有效的事物。它是个大电脑模型，由一个主模型控制一定规模的资金，但不会控制庞大的资金，因为那样会影响市场。主模型操纵的规模在合理范围内，永远不会变成独霸市场的"大怪兽"。毕竟，要是"一家独大"也就没有对手了。

四、文艺复兴能够穿越"牛熊"吗?

在投资界，要评判一只基金好不好，往往不是看在牛市的时候能够带给投资者多少收益，而要看在熊市中，如何控制回撤。

文艺复兴旗下的大奖章基金堪称对冲基金界的传奇。

自 1988 年成立以来，该基金年均费后收益率高达 39%。在 1994 年至 2014 年中期的这段时间里，其平均年回报率更是高达 71.8%。

而其表现最好的年份正是在危机期间，如 2000 年互联网泡沫，在其他对冲基金同行"哀嚎遍野"之际，大奖章基金获得 98.5% 的净回报。又如，2008 年金融危机，大奖章基金同样大赚 80%。

甚至在 1988~1999 年索罗斯最辉煌的 11 年中，其总收益率为 1701%，也远远不及西蒙斯的 2478%。大奖章基金在 1990~1999 年的 10 年间，夏普比率高达 1.89，远远超过同期共同基金行业最巅峰——比尔米勒的 0.64。

目前，美国 60% 以上的机构投资者都是采用量化交易，而中国还不到 10%，未来有很大的提升空间。

第六节　眼界、格局与结果

眼界：指目力所及的范围。引申指见识的广度。眼界广者其成就必大，眼界狭者其作为必小。

格局：格是对事物认知的程度；局指认知范围内所做事情以及事情的结果，合起来称为格局。

不同的人，对事物的认知范围不一样，采取的行动不一样，结果也不一样。

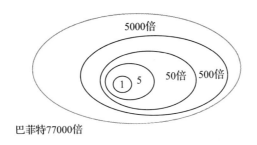

图 1-6

同样是看未来收益可能性，有的人看一两天，有的人看一两个月，有的人看一两年，还有人看一二十年，甚至有的人看 60 年以上。不同的人，眼界不同，格局不同，结果完全不一样。

巴菲特的思考逻辑：如果稳健地以平均年化 21% 左右的收益去做交易，持续 61 年，他将获得 7.7 万倍的回报。事实上，他真的是这么做的。

我们要坚定不移地做长期主义者，因为时间是世界上最伟大的赚钱工具。长期稳健复利增长，才是资产增值的良方。

婴儿不是一天长大的。要想收获巨大的成功，必须学会耐心等待，用时间换空间，用时间换利润。

格局的大小决定了你的结果，如果你连赚大钱的可能性都看不到，即使给你一只可以翻 1000 倍的股票，你也就赚两个涨停板便出手了，剩下的事情跟你无关。

成为交易大神，格局一定要大。

下面举两个案例说明。

一、巴菲特投资比亚迪的案例

2008 年，巴菲特在 8 港元附近买了比亚迪，比亚迪一口气涨到 80 元，人们说：巴菲特不愧是"股神"。

2012 年，比亚迪跌到了 9 港元，巴菲特继续持仓不动，人们说：巴菲特"廉颇老矣"。

2017 年，比亚迪再度涨回 80 元，巴菲特继续持仓不动，人们说：巴菲特果然是"股神"。

2020 年 3 月，比亚迪股价腰斩跌到 33 港元，巴菲特继续不动，人们说：巴菲特脑子坏掉了，要是自己翻十倍早就跑了。

2021 年，比亚迪的股价一口气涨到 278 港元，人们说：巴菲特真的是"股神"。

二、马云投资阿里云案例

他"骗"了马云数十亿元，还给了阿里 12800 亿元。

2009 年乌镇互联网大会上关于云计算：

马化腾说：云计算是阿凡达年代的事情，太早了。

李彦宏说：云计算，我们这代人是看不到的。

马云默默地说：这个 10 年以后，它可能就实现了。

于是马云把王坚从李开复手里挖过来，还心甘情愿给他投钱搞技术。在他成为众矢之的时，马云亲自出面为他解围，而他最终不负马云所望，让阿里拥有了国内第一、全球前三，仅次于亚马逊和微软的世界级"云"。他就是"阿里云之父"——王坚。

（一）他是心理学博士

1962 年出生的王坚是个地地道道的学习天才。在人生的前 30 年，他一直和心理学打交道。1984 年，王坚获得了杭州大学心理学学士，此后获得了心理学博士，还成为了杭州大学的教授，32 岁时，他已经是杭州大学心理系系主任。

在杭州大学读研时，王坚觉得学校的知识无法满足他，就跑去浙江大学旁听了计算机研究生的课程。几年下来，王坚的计算机水平居然不亚于计算机老师。硕士论文，他写的是《人机交互和多通道用户界面》，这是中国首部讨论人机交互的论文，后来我国航天工程上轨道对接的人机交互程序都受此影响。如果按照这个节奏，他以后的人生不需要太努力。结果，王坚辞职了——因为系主任这个职位，处理日常事务工作比较繁忙，王坚向往的是未知的科研世界。

（二）被比尔·盖茨认可的人

第一个发现王坚才华的是李开复。1999 年，李开复正在筹备微软亚洲研究院，主要研究方向就是人机领域。李开复三顾茅庐，终于说动了王坚加入。王坚也没有让李开复失望，加入不久之后，王坚就给微软带来了新产品："数字墨水"，这项技术在当时并没有火起来，但如今微软的强大绘画功能就脱胎于"数字墨水"。

除了李开复，王坚还深受比尔·盖茨的信任。王坚所带的组，是研究院里当面和比尔·盖茨讨论问题最多的小组。曾有人在比尔·盖茨面前提到软件的数据分析，比尔·盖茨说：你应该去找王坚。

当时，王坚发现，虽然微软研究院如日中天，国际云计算巨头 AWS 在 2006 年也已经成立，但中国云计算领域还是一片空白，很难想象偌大的中国居然没有意识到云计算的作用和前景。他暗下决心，要弥补和挑战中国云计算事业的空白。

（三）从"骗子"到"阿里云之父"

时间来到 2007 年，王坚第一次见到马云。

作为微软亚洲研究院副院长，王坚出席了阿里巴巴召开的"网侠大会"。那次碰面，王坚告诉马云："如果阿里还不掌握技术，未来将不会有它的身影。"是这句话，让马云对王坚"一见钟情"。

两年后，王坚被马云挖到阿里巴巴，职位是首席架构师，首要任务是为阿里巴巴输出技术。

事实上，在阿里巴巴工作十几年的功臣都不一定能坐上这样的职位，况且当时并没有多少人知道云计算是做什么的。于是王坚这样一个空降的管理层，让很多人产生了质疑，而王坚让马云承诺每年投资 10 亿元，坚持 10 年，马云居然答应了。

最初阶段，阿里云在阿里集团就是一个笑话，所有人都认为是王坚骗了马云 10 亿元。因为王坚做的东西不存在于中国，而是存在于他自己的脑子里，可马云却还义无反顾地支持他。三年多，毫无起色，马云依然坚定地表示，不能放弃，因为云计算是未来。

2012 年 8 月 13 日，马云突然在内部论坛"阿里味儿"上发帖，宣布任命王坚为集团 CTO。瞬间激起了 300 多层楼的大讨论，成为阿里巴巴集团迄今为止争议最大的管理层任命事件。

有人直言：王坚"忽悠"了马云。

面对一条条质疑，马云不得不去帖子下面回复："请相信博士（王坚），给他一点时间。"马云回应道："博士是人不是神，博士的不足大家都知道，我了解的不比大家少，但博士了不起的地方，估计很少有人知道。"他相信王坚，更相信自己的预判：云计算是必需的布局。

"别人都说我忽悠了马云，因为云计算这么不靠谱的东西他也信了；其实是马总忽悠了我，他让我相信这事只有在阿里干得成。"王坚后来回忆道。

在无数的非议声中，王坚团队里有一半员工因为扛不住而选择离职，在辞职信中他们直言："我觉得再干下去，也看不到任何希望。"2012年在阿里巴巴年会上，这个一直咬牙坚持的瘦弱大叔终于忍不住失声痛哭。

但最终，时间告诉所有曾经嘲笑王坚和阿里云的人，他们错了。

（四）他还给马云2000亿美元

阿里云的基石，是拥有完全自主知识产权的核心操作系统"飞天"。20世纪60年代出生的王坚有一种强烈的技术自主情结。他相信所有的家国情怀只能靠自己的努力去实现，所以它把这个填补了中国大规模操作系统历史上的空白、打破了欧美长达40多年技术垄断的操作系统，命名为"飞天"。

后来，阿里云在全球19个地区拥有56个可用区，为全球客户提供了超过200个飞天数据中心。而仅仅一个飞天数据中心，就可以实现每秒32.5万笔交易的峰值以及每秒25.6万笔支付峰值，这是支撑"双11"交易的基础，也是让12306（中国铁路客户服务中心推出的官方手机购票应用软件）不再崩溃的底气。

一些从阿里云离职的员工形容阿里云是"阿里巴巴最有理想主义色彩的公司"。后来在和董卿的谈话节目中，王坚说道，"阿里云是手下的工程师和阿里的客户用命填的，就像第一天用电的人，也是用命填的——因为电会电死人。"

如今的阿里云已经是全球领先的人工智能科技公司，它的服务遍及金融、政务、交通、医疗、电信等各个领域。2017年，阿里云累计收入约112亿元，成为国内第一家百亿元规模的云计算服务商，最新估值已经达到2000亿美元，约合12800亿元。

阿里云的成功，离不开马云的长期主义：耐得住寂寞，经受得住考验和非议，周围人的不理解你，而你要理解别人对你的不理解。别人不理解是正常的。同时也离不开巨额资金（几十亿元）投入，马云仅有一腔热血和理想主义，还不足以支撑他的云计算计划，必须敢"砸钱"。

图 1-7

资料来源：pixabay.com.

一幅油画可能值 1000 元，一幅作品可能值 1000 万元。这就是格局的魅力。眼界决定格局，格局决定结果。

每一笔交易都要把它看作一幅作品——黑风集团董事局主席邱春鸣曾言。

图 1-8

资料来源：pixabay.com.

有大心量者，方能有大格局，有大格局者，方能成大气候。

心有多大，世界就有多大。梦想多远，脚步就有多远！

第七节　人永远赚不到认知范围以外的钱

有什么样的认知就会有什么样的结果。举个例子，1998 年江西九江发洪水，很多鱼塘被淹了。对于养鱼的人来说，不同的认知，带来的结果完全不同。

第一种，鱼塘被淹了，就认栽了，接受损失，认命了。

第二种，鱼塘被淹了以后，杀了几只羊，沉在自家的鱼塘里，然后在市场上买猪下水投放在自家鱼塘里。10 几天后洪水退了，往年正常可以收获 10 万斤鱼，那一年收获 50 万斤鱼。来自长江里的大鱼，都被吸引到他的鱼塘里。

从这个例子中，我们可以看出，同样是鱼塘被淹，结果却完全不同，有的人赔得一塌糊涂，有的人却赚得盆满钵满。不同的认知带来两个截然相反的结果。人永远赚不到认知范围以外的钱。

再给举个例子，笔者的一名学员，2006 年到厦门大学读 EMBA。深圳大学教授去客串讲学，中 × 油马上要回归 A 股，将会带动中 × 油 H 股大涨，建议同学们去香港买中 × 油 H 股，可能翻几倍，或者买中 × 油 H 股的看涨权证（窝轮），有可能翻几百倍。全班 56 名同学，只有她一个人真正听懂了老师说的，并且听话照做，变卖深圳所有资产，带了几百万元到香港做中 × 油看涨权证（窝轮）。一年以后，她的投资本金翻了几百倍，赚了几亿元。后来回到深圳，就买了一栋独栋大别墅。

真人真事，我举这个案例是想告诉大家：人永远赚不到认知范围以外的钱。朋友们想赚钱，请先想办法提升你自己的认知水平，否则很难在金融市场赚到钱。

回过头来，我们再思考另外一个问题：

图 1-9

为什么只有她能赚到这个钱，全班其他 55 名同学也很有钱，很多都是总经理、董事长，智商也很高。为什么就她一个人成功了？

因为其他同学的认知还没有达到她的程度。只有她认为这个教授说的是对的，是真正能够赚到几百倍收益的。其他同学就认为老师讲的翻几百倍，仅仅是说笑而已，没有任何实战意义。万一亏了怎么办？跑到香港去，那么麻烦，又没有玩过窝轮（权证），都不懂怎么交易等。

你的认知决定你的结果。人永远无法赚到自身认知范围以外的钱。老师的一句话，有可能改变你的认知，从而改变你的一生。

图 1-10

资料来源：pixabay.com.

第二章 交易的核心就是盈亏比

只有不断地亏 1 赚 5，亏 1 赚 10，我们才能成为最终的赢家，实现稳定的复利增长。

第一节　抓主要矛盾，抓重点

一、主要矛盾

唯物辩证法认为，在事物或过程的多种矛盾中，各种矛盾的地位和作用是不平衡的。在事物发展的任何阶段上，必有而且只有一种矛盾居于支配的地位，起着决定或影响其他矛盾的作用。这种矛盾就是主要矛盾，其他矛盾是次要矛盾。

正是由于矛盾有主次之分，我们在想问题、办事情的方法上相应地也有重点与非重点之分，要善于抓重点、集中力量解决主要矛盾。

主要矛盾在不同的事物中和事物发展的不同阶段呈现出复杂的特征。在有些事物中，主要矛盾与基本矛盾是统一的，贯穿事物发展全过程的始终。

在有些事物中，主要矛盾与基本矛盾不统一，它可能是基本矛盾中的一个矛盾，也可能是基本矛盾中某几个矛盾的综合，还可能是非基本矛盾。

在这种情况下，主要矛盾在事物发展全过程中将随着矛盾运动的发展而变化，尽管事物的基本矛盾尚未解决，事物的根本性质没有改变，但由于事物的矛盾体系中各种矛盾的力量消长变化，有些矛盾激化了，有些矛盾缓和了，有些矛盾解决了，又有些新的矛盾发生了，原来的主要矛盾下降为非主要矛盾，原来的非主要矛盾上升为主要矛盾，从而使事物的发展过程呈现出阶段性。

在事物矛盾体系中，非主要矛盾虽然受主要矛盾的支配和决定，但它并不是消极被动的因素，可以影响和制约着主要矛盾。

主要矛盾和非主要矛盾相互关系的原理具有重大的方法论意义。它告诉人们在观察和处理任何事物或过程的诸多矛盾时，必须善于用主要精力从多种矛盾中找出和抓住主要矛盾，完成主要任务，从而掌握工作的中心环节。

当矛盾的主次地位发生变化，事物的发展进入新的阶段时，要善于找出新的主要矛盾，及时转移工作的重点。

要把事物或过程的主要矛盾和非主要矛盾作为一个有机体系予以统筹兼顾，发挥它们之间相互促进、相互制约的作用，以推动事物的发展。这是进行一切实践活动的重要方法。

主次矛盾关系是辩证统一的。主要矛盾和次要矛盾相互依存。首先，主要矛盾和次要矛盾互为存在条件，主要矛盾之所以是主要矛盾，是相对于次要矛盾而言的，没有次要矛盾，也就无所谓主要矛盾；同样，次要矛盾之所以是次要矛盾，它也是相对而言的，没有速度要矛盾，也就无所谓次要矛盾。

其次，主要矛盾和次要矛盾相互影响。主要矛盾的解决速度影响着次要矛盾的解决速度，主要矛盾解决得好，次要矛盾就容易解决；反之，次要矛盾的解决又推动着主要矛盾的解决，次要矛盾解决得好，又有利于主要矛盾的解决。

最后，一定条件下相互转化。主要矛盾和次要矛盾的地位不是一成不变的，在一定条件下它们可以相互转化，即主要矛盾在一定条件下下降为次要矛盾，次要矛盾在一定条件下上升为主要矛盾。

二、方法论意义

主要矛盾和次要矛盾辩证关系的原理要求我们在实践中，要学会区分主要矛盾和次要矛盾，学会区分矛盾的主要方面和次要方面。在分析和解决、处理问题时，既要看到主要矛盾和矛盾的主要方面，坚持重点论，又要看到次要矛盾和矛盾的次要方面，坚持两点论，学会全面地看问题，做到两点论和重点论的统一。只看到主要矛盾和矛盾的主要方面，看不到次要矛盾和矛盾的次要方面，就会犯一点论错误。相反，只看到次要矛盾和矛盾的次要方面，看不到主要矛盾和矛盾的主要方面，就会犯均衡论的错误。

例如，牵牛要牵牛鼻子，打蛇要打七寸，治病要治疗根本，不能头疼医头，脚痛医脚。一个人在沙漠中行走，几天都没喝水，极度口渴的人，他的主要矛盾是水，你就是给他再多的金银财宝，再多的玉器珍玩，再好的赚钱机会，对他来讲，统统都是浮云。唯有水是他的救命之物。

解决问题，我们要学会抓住主要矛盾。在生活中如此，在交易中更是如此。

第二节　交易的核心是什么？

在交易中，什么是主要矛盾？笔者认为是盈亏比。

交易说得通俗一点，就是买和卖。交易结果有两种：盈利和亏损。

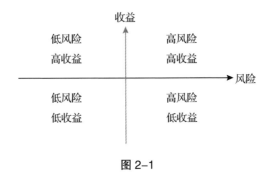

图 2-1

图中有四种方法可以赚钱，让你选，你会选哪一种？

我相信大家都会选低风险、高收益。说得通俗一点，就是冒很小的风险，获取很大的回报。

有的人说，世上还有这等好事？是的，专业人士可以做到低风险、高收益。注意，这里特指的专业人士，是一些交易"大神"。

巴菲特1957~2018年，61年只亏2年，平均年化21%，赚77549倍。

西蒙斯1988~2018年，30年只亏1年，平均年化39%，翻19518倍。

交易的核心就是盈亏比。亏就亏1年，赚就赚29年，盈亏比高达1∶29，那么我们就能够实现低风险、高收益。

第三节　如何做到高盈亏比？

做到高盈亏比，要降低风险，在降低风险的同时，也要提高收益，让收益最大化。

大家来看看狙击手的盈亏比。

狙击手是经过特殊训练，掌握精确射击、伪装和侦察技能的射手。狙击手已经成为今天特种作战行动中不可或缺的角色，狙击手常常是特种战斗行动中起决定性的因素。

图2-2

资料来源：pexels.com.

狙击手可以通过对坦克成员，车辆的油箱、水箱、轮胎，直升机的主旋翼与尾旋翼、光电观测器、机载弹药、潜望镜和通信设备的射击使其丧失战斗力。狙击手通过破坏关键设备来迟滞敌方基地的作战行动等。另外，类似于弹药库、油料库、指挥部等薄弱环节也非常容易成为狙击手的高价值战术目标。

狙击手需要漫长的等待过程，并不如表面看上去那么平静与悠闲。他需要独立地完成野外观察与追踪、地图判读、情报收集与分析、进入与撤退路线安排、作战计划拟订等准备工作。

更重要的是，他们无法确知敌情会在何时出现，他们只知道，在某一瞬间，他必须以迅雷不及掩耳之势，去夺得决定性的胜利。因此，对于狙击手来说，每一分一秒寂静的等待，都充满惊心动魄的气氛。这种漫长与短暂、孤寂与激烈的强烈反差，已不是单纯生理与技术的充分准备能够胜任的了。这要求狙击手的心理素质超乎常人。

狙击手的盈亏比：以最小的成本使敌军付出最大的代价，亏就亏1颗子弹，赚就赚敌方的高价值目标或关键人物。

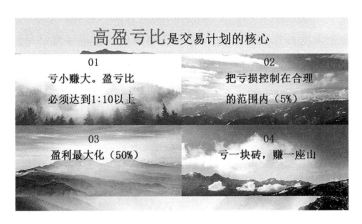

图 2-3

资料来源：pixabay.com.

高盈亏比：亏就亏一块砖，赚就赚一座山。

第四节　高盈亏比的案例分析

一、神奇的中行转债

中行转债是中国银行发行的可转债，发行面值是100元。2014年初，市场价一直在96元（1月20日最低价95.82）左右。

按中行转债发行条款，中行转债 2016 年 6 月到期，中国银行必须以 106 元赎回，其间还有两次近 3% 的利息，其两年半的收益共有 106+3=109 元，由于是 96 元买进，所以还要加 4 元，两年半的总收益率达 13.5%，其无风险年化收益率达 5.4%，而中行转债可以做正购，100 元可以借 130 元，正回购利率在 3% 以下，这样可以加杠杆，中行转债年化的无风险最低收益率为 5.4+5.4-3+（5.4-3）×0.3=8.4%。而中行转债对应的中国银行要求转债转股，在到期前向上涨是必然的。在正常情况下，两年半以内，中行转债会上涨到 130 元以上，而上涨到 135 元以上的概率为 95%，如果上涨到 135 元，其总收益率为 35+4+3=42%，年化收益率为 16.8%，加杠杆则为 16.8+16.8-3+（16.8-3）×0.3=34.7%。

最终的结果是中行转债于 2014 年 12 月 31 日上涨到 161 元，如果加上中间的一次 1.3% 的利息，收益率为 62+62-3+（62-3）×0.3=138 元，由于是 96 元买进的，所以还要加 100-96=4 元，最终年收益为 148.6%。

看看，这不叫无风险高收率又叫什么？

更惊讶的是，2015 年 1 月 16 日，中行转债涨到了 194 元。

二、段永平是怎样在网易股票上赚到一百倍的

2000 年，美国科技股泡沫破灭。2000 年 3 月 9 日，在科技股的强劲拉动下，纳斯达克综合指数突破了 5000 点大关。投资者疯狂追捧科技股，泡沫越来越大。

泡沫破灭发生在 2000 年 3 月后。起初纳斯达克指数的小幅回落被大多数市场参与者认为是技术性回调，而之后的暴跌则以迅雷不及掩耳之势来临。

导火索是美国司法部对于微软的反垄断指控，而 2001 年安然和世通两公司的财务丑闻更是雪上加霜。

2000 年 3 月 11 日到 2002 年 9 月，在短短 30 个月内，纳斯达克指数暴跌 75%，创下 6 年中的最低点位。

网易股票的情况：涉嫌会计造假，面临退市。2000 年 6 月 29 日，网易成功登陆纳斯达克。一上市就遭遇互联网泡沫破灭，纳斯达克指数从最高点

5048点一路下跌，最低跌到1114点，跌幅达到78%，网易也难以幸免。

网易的股价从上市时的15.5美元一路下跌，最低跌到0.48美元，跌幅达97%，网易的市值也从上市时的4.7亿美元跌到不足2000万美元。美国上市的科技公司有不少都退市倒闭了。

2001年第二季度，网易被查出涉嫌财务造假，过半收入不翼而飞。9月4日，纳斯达克宣布暂停网易股票交易。

行业专家分析称："被暂停交易只是开始，后面会有更多的丑闻。"大多数投资者都认为网易可能被摘牌，风险很高。纳斯达克有规定，1美元以下的股票超过一段时间后，必须按规定退市。很多投资者害怕网易股票退市，所以把网易的股票低价卖掉。

网易公司当时的估值：远远低于净资产。拥有6000万美元现金，并且其净资产为6700万美元，负债仅为1400万美元（其中银行贷款为1000万美元），但市值只有2000万美元。

丁磊当时在想什么？公司想卖没人要，于是决定全力做游戏。当时年仅30岁的丁磊事后回忆说："2001年初最迫切的愿望就是想把网易卖掉，但没人敢买。到了9月，想卖也卖不掉。人生是个积累的过程，你总会摔倒，即使跌倒了，你也要懂得抓一把沙子在手里。"

所以，当时丁磊还是继续积极地推进网易公司的新业务。2002年初，网易准备推出网络游戏《大话西游2》，营销是短板，丁磊只好去请教他的师兄——已经成功打造小霸王和步步高品牌的段永平。因此，段永平注意到了网易。

段永平对于网易的投资研究分析：

（1）敢买网易是因为他做过小霸王，在游戏市场成功过，所以他的认知领先于其他人。做股票研究或者做投资，关键是要看懂做生意的本质。

（2）网易当时的股价确实很便宜，但并不是表观意义上的便宜，而是清算价值的便宜。一家互联网公司，PB只有不到0.3倍。但2001年网易亏损2.3亿元，所以到这个价格也是可以理解的。从网易的例子可以看到，段永平说他自己佩服巴菲特不是假的，这是典型的深度价值投资，而不是成长价值投资，因为已经开始计算清算价值了。

（3）因为他跟丁磊直接接触过，大概率知道这个人能不能把网络游戏做成。判断企业家素质很重要，段永平多次强调企业家和公司文化的重要性。

（4）梳理了一下产品发布的时间表，段永平下手的时候大概是《大话西游》已经表现出了不错的经营情况。2001年12月，网易推出了首款自主研发的大型网络角色扮演游戏《大话西游》，之后在原作基础上开发了《大话西游2》。段永平通过对国内游戏运营情况的调研，预判会有大的变化，才下重手。

（5）段永平的判断只是定性的把握方向，他也不知道网易后面能做多大，否则会把整个公司都买下来。从某种意义上讲，他做了一件确定性非常高的事情，但也不知道最后能够获得多大的成功。此外，持有的时间久也是他赚到大钱的重要原因之一（拿了9年）。

（6）为了规避风险，段永平请律师评估了网易摘牌的概率有多大，所以他虽然声称即使网易摘牌也不担心，但其实已经提前做好了充分的准备。

经过深度研究分析，段永平最后发现：投资网易，低风险，高收益，值得做。

段永平的操作手法：两年100倍。2002年4月，段永平夫妇在公开市场花200万美元买入了152万股网易股票，占网易总股本的5.05%。分批建仓，最开始的买入价低于1美元。

果然，网易依靠网络游戏起死回生，网易的股票价格开始强劲反弹，伴随着业绩的大幅增长，一路飙升，经过4次拆股，复权以后近100美元。段永平盈利在2亿美元以上。亏可能亏20万美元，赚可能赚2亿美元。盈亏比高达1∶10000。

第三章

风　险

如果你重视它，它就可以让你上天堂。

如果你轻视它，它也可以让你下地狱。

第一节　风险的定义

风险，就是生产目的与劳动成果间的不确定性。

大致有两层含义：一种定义强调了风险表现为收益不确定性；另一种定义强调风险表现为成本或代价的不确定性，若风险表现为收益或者代价的不确定性，说明风险产生的结果可能带来损失、获利或是无损失也无获利，属于广义风险，所有人行使所有权的活动，应被视为管理风险，金融风险属于此类。

风险表现为损失的不确定性，说明风险只能表现出损失，没有从风险中获利的可能性，属于狭义风险。

风险和收益有时候成正比，所以一般积极进取的投资者偏向于高风险是为了获得更高的利润，而稳健型的投资者着重于安全性考虑，希望尽可能降低风险。

第二节　风险的重要性

《孙子兵法》上说：兵者，国之大事，死生之地，存亡之道，不可不察也。讲的是战争的风险。其实交易风险也是如此，不仅关乎我们的本金安全，甚至关乎投资者的命运，有些投资者一着不慎满盘皆输，最后输得很惨。下面举一个案例说明。中概股下跌，韩国基金大佬一夜亏光千亿美元。

一、离奇暴跌

2021年3月26日，注定是一个值得载入史册的日子。

一场毫无征兆的暴跌，突袭了美股市场，中概股普跌。像是被一只"神秘的手"操控者一样，腾讯音乐、唯品会、爱奇艺等多只中概股，离奇同步暴跌。

腾讯音乐股价从最高的32美元，最低跌到了16美元。

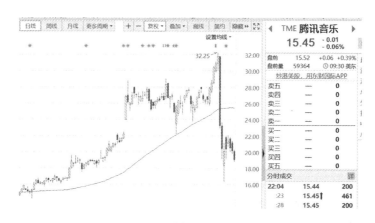

图 3-1

唯品会，从最高的46美元，最低跌到25美元。

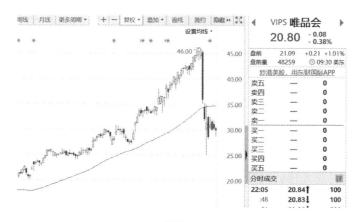

图 3-2

爱奇艺从最高 29 美元，跌到了不到 15 美元。

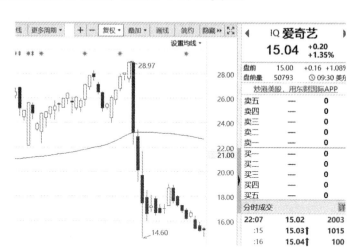

图 3-3

最夸张的高途，腰斩只用了一夜，从 61 美元最低跌到了 30 美元。

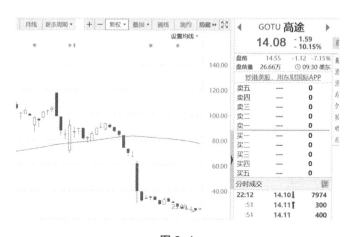

图 3-4

离奇的是，并非所有中概股都出现了这样的暴跌情形。在这场毫无征兆的暴跌中，还混进了一些奇怪的公司，维亚康姆 CBS 公司（ViacomCBS）以及探索传播公司（Discovery），两家看起来与中概股完全不相关的美国公司，这个探索传播公司旗下有大名鼎鼎的探索频道，维亚康姆 CBS 公司是美国的媒体巨头之一，旗下的派拉蒙拥有《碟中谍》《变形金刚》《海绵宝宝》等

IP，从 3 月 23 日开始，这些股票就像着了魔一样，走势简直一模一样。

接连几天，都没有人知道，为何会出现这样如出一辙的神秘联动。

随着事件的发酵，事情的真相终于逐渐浮出水面，众多股票离奇同步下跌的背后，竟是一个人在操控，就是这个 7 年资产暴增 500 倍的比尔·黄（Bill Hwang）。

比尔·黄到美国的前 14 年，都只能说是平平无奇。人生的真正转折点出现在 1996 年，那一年，比尔·黄遇到了他生命中最重要的人，也就是他的恩师，老虎基金创始人朱利安·罗伯逊，以下简称"老罗"。

二、赌徒一代

老虎基金，曾经是与索罗斯的量子基金齐名的对冲基金。罗伯逊也是对冲基金界教父级的存在。

1980 年，老罗的老虎基金从 880 万美元起步，18 年后做到了 230 亿美元，增长了近 2600 倍，成为美国最显赫的对冲基金。这段时间里，老罗先后赌对了柏林墙倒塌，赌对了日本股市泡沫破灭，还同索罗斯一同成功狙击了英镑和里拉，可谓攻无不克、战无不胜。

彼时的老罗志得意满，意气风发，自称"没人有更佳的成绩"。而比尔·黄就是在这个时候加入了老虎基金，并且迅速成长为老罗的得力干将。

"上帝欲使人灭亡，必先使其疯狂"。老罗的辉煌战绩让他日渐膨胀，公司内部事无巨细他全都要干预，而且以往的成功经验让他只相信自己的投资策略。

人们常说，"常在河边走，哪能不湿鞋"，对冲基金创造的高收益背后，是与之相应的高风险。

1998 年开始，老罗的投资接连失利，他先后赌错了日元以及美国股市，损失惨重。例如，老罗重仓的美国航空，从 1998 年 4 月的每股 80 美元，一路跌到了 25 美元。

此前把老罗奉若神明的投资者一夜之间倒戈，疯狂赎回，2000 年春天，老虎基金资产从巅峰时的 230 亿美元，萎缩到了 65 亿美元，昔日最大的对冲基金竟然到了连工资都发不出来的境地，老虎基金被迫清盘。

三、赌徒二代

尽管基金清盘，但 67 岁的老罗并不服输，很快开始了二次创业，决心用早年赚下的 15 亿美元东山再起。

这次老罗显然学乖了，一改之前的投资方式。他从自己的旧部中挑选出了最有潜力的分析师，并分别给这些年轻人一笔启动资金，让他们成立新的基金。老罗的工作重心不再是投资，而是培养顶级的基金经理人，培育"老虎仔"。

比尔·黄就是这批年轻人中最优秀的之一，带着恩师给的启动资金，比尔·黄创立了"老虎亚洲"，开始了他的封神之路。

自 2001 年成立，老虎亚洲 7 年的时间里平均回报率超过 40%，2001 年黄比尔成立老虎亚洲时只有老罗给的 1600 万美元，到 2007 年底，老虎亚洲管理的资产已经高达 80 亿美元。

2008 年，美国最赚钱对冲基金经理排行榜上，比尔·黄排名第 38 位。比尔·黄，俨然就是老罗的翻版。而老虎亚洲，则是众多"老虎仔"中最靓的仔。

然而，此时的比尔·黄还不知道，他自己已经走上了恩师老罗的老路。老罗倒在了 2000 年互联网泡沫，比尔·黄则在 2008 年的金融危机中摔了跟头。

2008 年上半年，比尔·黄大笔做空获利丰厚，但 2008 年下半年，比尔·黄自空转多，结果抄底抄在了半山腰，全年大亏 23%。对一向顺风顺水的黄比尔来说，这样的亏损他是无法接受的。或许正是因为这个原因，他逐渐开始不择手段。

2008 年末，比尔·黄偶然获得了港股两家中资银行的敏感信息，尽管他当时承诺不会利用信息进行内幕交易，但转身就利用敏感信息大赚 3000 万港元。

不过内幕交易也没能拯救比尔·黄，接下来的几年，他的业绩都非常普通，就像大多数散户一样，一买股票就跌，一卖股票立刻就涨，大家渐渐发现原来比尔·黄也不过是个凡人。

"屋漏偏逢连夜雨"，2012 年比尔·黄的内幕交易又露出了马脚，先后被美国证监会和中国香港证监会制裁，最后赔偿投资者 4500 万港元，向美国证监会交了 4400 万美元的罚金。

投资不善加上监管压力，老虎亚洲终于在 2013 年走向末路，退还了外部投资者的资金，转为家族投资基金，同恩师一样，比尔·黄开始了二次创业，家族投资基金名为 Archegos，一个富有宗教意味的词，意为先驱。

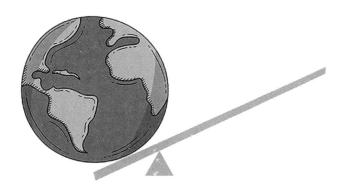

图 3-5

资料来源：freepik.com.

四、生死杠杆

20 世纪的第一个十年，比尔·黄从 1600 万美元做到了 80 亿美元，结果一夜之间回到原点；20 世纪的第二个十年，比尔·黄在杠杆的助推下，迅速东山再起，从 2 亿美元做到了 50 亿美元。

简单介绍下保证金交易和爆仓，大家如果已经了解了可以跳过。

保证金交易简单理解就是以小博大，如股价 100 元，你花 100 元买股票就是普通的买卖。但如果你只出了 20 元，我借了你 80 元，然后买了一股股票，这就是保证金交易了，20 元就是你的保证金，就是你保证保护好从我这里借的 80 元，不然我就卖掉你的股票。

80 元是借给你的，既然是借的，后面就要还。

假设股价涨到了 120 元，你还了我的 80 元，剩下 40 元，本金是 20 元，赚了 20 元，收益率就是 100%。如果是普通交易，100 元买入，赚 20 元，收益率是 20%。这就是杠杆的力量，四两拨千斤。

但是，如果股票价格跌了，跌到了80元，如果你是自己全款买的，那么大不了就挺着，等着股价涨回来，没人管得着你。

但如果你是从我手里借了80元就不一样了，股票跌到80元，你把股票卖掉也只够还我的钱了，如果股价涨不回来，你就没办法还我。这个时候，你要么加钱，保住我的80元，要么我就得把你的股票卖掉，这就是爆仓。

这个时候虽然股价只跌了20%，但你的本金只有20元，所以你的收益率是-100%。杠杆，玩的就是心跳，成倍地放大收益，同步地放大风险。

这个例子里面，用20元买100元的股票，杠杆就是5倍。据媒体报道，比尔·黄一直使用3~4倍的杠杆。在杠杆的助推下，比尔·黄从2亿美元迅速增加到了50亿美元。

杠杆下的高收益，也让比尔·黄变得越发贪婪，2021年初，比尔·黄又加了一脚油门，把杠杆提高到了5倍，中概股一波暴涨过后，这50亿美元又迅速变成了150亿美元。5倍的杠杆，意味着比尔·黄管理的总资产达到了骇人听闻的800亿美元。

什么概念？800亿美元差不多是5200亿元，中国最大的公募基金易方达，除货币基金外，月均管理规模是5700亿元，也就是说，比尔·黄的家族基金和中国最大的公募基金是一个级别。

到了这个程度，钱对于比尔·黄来说，已经只是一个数字了。然而比尔·黄并没有见好就收，获利了结。当他仍然沉溺在美好的幻想中时，危机已经露出了獠牙。

终于，2021年3月23日，维亚康姆CBS宣布大规模增发，加上前期涨幅过大，股价当天暴跌9%，第二天又暴跌23%，扇动了蝴蝶效应的第一下翅膀。持有的股票暴跌，加上高杠杆，比尔·黄只有两个选择，要么追加保证金，要么爆仓。

维亚康姆CBS的增发还不是全部，像冥冥自有天意一般，利空消息接二连三砸到了比尔·黄的头上，包括跟谁学的冲击，和美国通过《外国公司问责法案》后中概股退市的影响，随之而来的是狂风暴雨般的连环爆仓。3月26日，暴跌和爆仓达到了高潮，相关股票也经历了腥风血雨的一夜。

"血战"过后，黎明破晓的战场上，只留下了 Archegos 孤独的尸体。Archegos 就像它的名字一样，成为先驱。在杠杆的加持下，比尔·黄能够创造 2 亿美元到 150 亿美元的神话，然而风控不足的他，最终遭到杠杆的反噬，一次惨烈的爆仓，证明了在市场面前，人类到底有多么渺小。

普通人要用闲钱投资，不要借钱投资，不要加杠杆，因为笔者见过无数的大佬在杠杆上折戟，比尔·黄不是第一个，也不会是最后一个。如果你把投资当作赌博，如果你不明白风险的意义，你就可能在某一次赔光所有的钱。这次事件，对普通人最大的启示是控制风险，远离杠杆，有些事情，真的不需要你亲身经历。

一失足成千古恨，再回头已百年身。

大家要牢记：风险控制始终放在第一位。

风险过滤。过滤是一大类单元操作的总称。通过特殊装置将流体提纯净化的过程，过滤的方式很多，使用的物系也很广泛，固—液、固—气、大颗粒、小颗粒都很常见。风险过滤，指在风险和收益之间设一道过滤网，过滤掉其中的某一部分风险，从而达到减少投资风险，增强投资回报的目的。下面就给大家介绍几种常用的方法以过滤风险：

1. 安全垫

我们做投资，一般会设定一个止损目标位，如基金通常是 30% 的平仓线。为了不达到平仓线，我们在做交易时往往会先打安全垫。那么，什么是安全垫？

举个通俗的例子，某人从 6 楼跳下来，如果有安全垫作为缓冲，他可能只受点轻伤，但如果没有安全垫的话，他可能就一命呜呼了。这就是安全垫的作用，实际上它起到了缓冲风险、隔离风险的作用。

很多高手在做单的时候，也很讲究先打安全垫。先用小仓位去做交易，慢慢地累积一部分盈利，如 5%~10% 的盈利，这就是在打安全垫。打完安全垫以后，再用这 5% 的盈利去博取更多的收益。亏也就亏这 5%，不伤及本金。

安全垫的作用是保护本金不会受到太大的冲击。特别是对于期货和外汇交易来说，这种方法非常重要，因为这些交易带了 10 倍甚至百倍杠杆，一不小心就会损失巨大，必须先打安全垫。

2. 分散投资

分散投资，大家很容易懂，如大机构一般喜欢分散去买很多只股票，而且还会运用股指期货做对冲，这样做的目的是分散风险。

一些做期货投资的朋友，特别是做量化的朋友，很喜欢做全品种交易，如商品期货、股指期货都会做，多品种、多策略组合投资。目的是分散投资，降低风险。

还有一些散户朋友也喜欢这样做，他们怕买到一只暴雷的股票，就不会一次只买一只股票，而是买个三五只股票，这样即使有一只股票暴雷，其他股票还能够有好的收益，等于分散了风险，避免因为踩雷而全军覆没。

3. 做 T，高抛低吸，反复做差价

这种手法就比较高明，不是一般人能操作的，它建立在长期的技术积淀的基础上，必须花时间去学习技巧。简单地给大家举一个例子。

你买了 A 股票，它的价格在 5 元，你长期看好它，认为它可能涨到 10 元。但它的走势又不是特别的连贯，经常涨涨跌跌。这个时候，你就可以做 T。比如，你有 10 万股 A 股票，你拿 5 万股来做 T，涨上去了先卖掉，跌回来了再买进。这样，你的总持仓量不变，但持仓成本却下降了。

4. 杜绝逆势加仓

很多人喜欢逆势加仓，结果越陷越深，导致爆仓。

图 3-6

很多机构投资者在 2020 年吃了大亏，逆势加仓做多原油，结果原油一路暴跌，从 76 美元／桶，跌到 6.5 美元／桶。很多人因此而爆仓，损失惨重。所以，我们要坚决杜绝逆势加仓，那很有可能是错上加错，火上浇油。

杜绝亏损加仓。如果你看好一笔交易，但结果却亏了，要及时止损。很多人，喜欢亏损加仓，这是严重错误的。亏损加仓，很容易把自己逼到悬崖边上，连退路都没有。

既然逆势加仓不对，那么正确的做法是怎么样的？同一点位建仓。很多人喜欢逆势加仓，5000 做多，4900 加仓，4800 加仓，4600 加仓，4500 加仓，结果越陷越深。科学的做法是一定要重新站上 5000，再做多，这样做的好处是避免大幅亏损。有可能价格从 5000，跌到 4600，跌到 4000，跌到 3000，这样我们不断加仓，不断亏损，窟窿越来越大。

即使是在 5000 上方做多，也要限定亏损的次数，只能亏 3 次，每次 2%，那样就是最多亏损 6%。同一点位建仓，就是拉了一道防护网，保护我们的交易不会陷入到深坑里去。接下来举个例子。

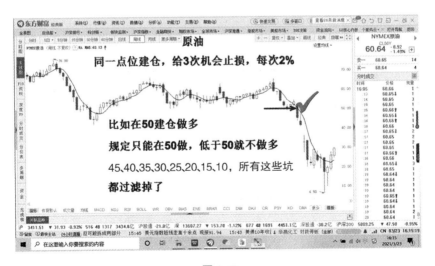

图 3-7

我们如果选择在 50 附近做多，我们就要选择在同一价位，也就是 50 附近建仓，低于 50，我们就选择止损。这样就可以过滤掉很多风险，如我们不会在 45、40、35、30、25、20 等点位做多，也就不会犯错。很明显有一个大大的坑，但我们能安然地度过。

杜绝逆势加仓，提倡同一点位建仓，这样我们可以对风险进行过滤，特别是单边极端行情，很多人做错了单以后，逆势加仓，死扛，结果就爆仓了。正确做法是铺设一道防护网，在同一点位建仓，不让自己跌入万丈深渊中。

5. 慎用杠杆

在前面我们已经举了黄比尔例子说明高杠杆带来的风险，所以大家都要懂得慎用杠杆的道理。杠杆是一把"双刃剑"，当你盈利的时候，它可以增加你的收益。当你亏损的时候，它可以放大你的亏损。

特别是对于初学者，刚刚踏进期货和外汇交易的大门，以前玩股票经常满仓，所以玩期货和外汇也经常满仓干，这就是在赌博。期货和外汇都是有杠杆的，期货10倍杠杆，外汇100倍杠杆，如果你没有经过专业的训练，最好不要玩期货和外汇。

很多人在期货上亏得很惨，原因是不懂得降低杠杆，一味追求高利润、高回报。双眼已经被暴利所迷惑，只看到一些高手，一年翻几十倍，自己也幻想着一年翻几十倍，结果却因为重仓交易，导致爆仓。

6. 学会休息，学会空仓

状态不好，停止交易；行情不好，停止交易。

股市好，就买股票；股市不好，就空仓。

图 3-8

从上证指数的周线图可以看出，它的牛熊转换周期非常有规律。从6124点（历史最高点）到现在，共经历了4次55周的变盘和两次144周的变盘。在牛市的时候，我们要多买股票，多投入点资金都没有问题。在熊市的时候，我们要注意控制仓位，控制风险。千万不能在熊市的时候重仓买股票。这样你很有可能把在牛市中赚到的钱在熊市的时候都赔掉。正确的做法是，在牛市的时候买股票，在熊市的时候休息。

有些人又说了，我哪知道什么时候是熊市，什么时候是牛市。在这里我建议大家学习一下时间周期理论，在接下来的章节会讲。

如果你状态不好，心态急躁，也要停止交易。交易需要一个平和的心态。

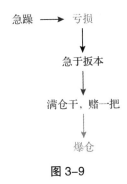

图 3-9

总之，我们要向老子学习，做到有所为有所不为。有所不为是为了有所为。

任何交易都是需要带预测的。预测有对错之分，对了可以让利润奔跑，错了就要及时止损。预测有对错，结果需要由人来控制。对于那些没有办法预测的行情，我们该怎么办？

混沌的行情，没办法预测。

突发事件，没办法预测。

系统性风险，没办法预测。

如何抉择？看不懂不做；风险大不做；重仓不做。

风险无处不在 === 行船；风吹浪打 === 休息；风平浪静 === 赶路。

任何时候都满仓，"死"得快。时刻都要敬畏市场，轻仓做，方能活得长久。

7. 风险拆分

一年可以分四季，又可以分 12 个月，每个月又可以分为 30 天。

风险拆分就是把一个大的风险，拆分成若干个小风险。比如，我们把本金看作 1，把它拆分成 100 份，那么每一份就是 1%。我们可以在交易的过程中，规定每次交易的亏损，不能超过 1%，单日亏损不能超过两个 1%，即 2%。

图 3-10

资料来源：pixabay.com.

为什么要拆分风险，我们要学会化大为小，化整为零。

大的风险我们不好控制，不好量化，但小的风险非常好量化。比如本金 100 万元，那么 1% 就是 1 万元。我们规定单笔交易的亏损就不能超过 1 万元，单日的亏损不能超过 2%，即 2 万元。这样我们在交易过程中就有非常明确的风控指标，更容易进行风控。我们要避免风险失控，这样就不会给本金带来严重的损失。

很多朋友做交易很能赚钱，但也很能亏钱。这是因为他没办法控制好回撤。如果他学会拆分风险，每天按照既定的回撤标准进行操作，就可以把风险控制在比较小的范围内，不会大起大落。

按照 30% 平仓线来算：

如果每次亏 1%，你可以亏很多次，这样你的风险才可控。你可以有至少30次交易机会。

如果每次亏10%，你可能就3次机会，如果3次都输了，你就"Game over"了。

所以，我们要学会拆分风险，化大风险为若干个小风险，这样我们可以有很多次的交易机会，做到风险可控。

8. 风险控制

一般我们把风险控制分为事前、事中、事后三个阶段。事前风控是在交易之前就做好的风险预防措施；事中风控是在风险发生过程中采取的应对措施；事后风控是指风险发生以后，自查风险事故出现的原因，以及总结经验教训，避免以后再犯。

（1）事前风控。笔者认为是最重要的，排在第一位。比如，一般基金管理人对所管理的产品都会设个平仓线，0.7的平仓线或者0.8的平仓线，为了不触及平仓线，基金管理人会在交易之前就做事前风控。比如，单日持仓不能够超过多少。一般来说，保守的期货类基金管理人会选择5%~10%的仓位上限。也就是1000万元的产品，最大动用资金为50万~100万元。

为什么要做事先风控？直接满仓不是更好？满仓，对了可以大赚，而亏了很快就达到平仓线了，所以机构投资者都不会这么做，那是赌博。

举个例子，2019年9月14日凌晨4点，沙特阿拉伯的石油加工厂以及一处最大的油田被炸毁，导致工厂内石油储存罐发生了连环爆炸，现场瞬间烧成了一片火海。这一事件的发生，导致全世界5%的石油能源被摧毁，随之而来的是国际原油价格暴涨。

2019年9月16日星期一开盘，原油就高开16%，如果你没有事先风控，持有大量空单，很容易就爆仓了。相反，如果你做了事先风控，单品种持仓不超过总资产的1%，那么你就可以安然度过这一次黑天鹅事件，你的损伤只是一点皮毛而已。

事先风控是完全必要的。我们经常挂在嘴边的一句话：不知道明天市场上有没有一个坑在等着我们跳，或者半年以后有没有一个更大的坑在等着我们，一年以后有没有天大的坑在等着我们？面对市场的反复无常，我们唯有谨小慎微，敬畏市场，才能长期生存在市场上，生存之后才能谈发展。

图 3-11

（2）事中风控。事中风控指在风险发生的过程中，果断采取措施，止损，避免风险事件的进一步扩大，避免出现更大的损失。很多时候风险发生是难免的，市场上本就有很多黑天鹅，动不动飞出来一只，吓唬吓唬人，有些人不经吓，仓位太重，就被爆仓了。这种案例数不胜数，不再赘述。

事中风控最难的是下手"砍自己"。很多人，在风险发生后还抱有侥幸心理，万一挺过去了呢？这些人在发生风险后不按规则去止损，结果很有可能导致风险越来越大，最终爆仓收场。

（3）事后风控。事后风控指风险发生以后，我们如何去面对，如何从风险事件中吸取教训，避免以后再犯同样的错误。一般情况下，发生了风险事故，当事人要有一定的冷静期，避免急躁。

另外，要有一份书面的检讨报告，把发生风险事故的来龙去脉讲清楚，找到具体的原因，是什么方面出现问题。以后要怎样去做，规避同类事情再次发生。

图 3-12

资料来源：pixabay.com.

第四章

收　益

赚了 1170 亿美元，太牛了！

美国期货商品交易委员会在审查中发现，一个香港账户资金额达到了 1170 亿美元，真的是让人震惊了。

这个账户是从 2003 年在香港交易所开设账户开始交易的，主要从事黄金现货的交易，过去的 18 年，收益率达到了 14.5 万倍。

究竟是何方神圣，我们暂时不得而知，但我们可以知道的是复利的力量，一年只要赚 93%，18 年就可以翻 14.5 万倍。

第一节　收益的定义

所谓收益指通过资本、技术和管理等要素与社会生产和生活活动所产生的收入，指家庭拥有的动产（如银行存款、有价证券）和不动产（如房屋、车辆、收藏品等）所获得的收入，包括出让财产使用权所获得的利息、租金、专利收入；财产营运所获得的红利收入、财产增值收益等。

在交易里，收益主要来自价格差。比如，8 元买进一只股票，10 元卖出，中间的差价就是我们的收益，买得越多，收益越大。

在期货交易里，还可以做空，我们可以在高位做空原油，然后在低位平仓，一样也可以赚取差价。

第二节　收益的大小

收益的大小取决于差价空间的大小。在交易中获取差价越大，获利越大。

收益的大小还取决于本金的大小，本金越大，购买股票或者基金产品的份额越大，赚得也就越多。

收益的大小 = 购买份额 × 差价

表面上看起来非常简单，但真正要做到高收益却很难。原因在哪儿？主要是获取差价太难了。比如，我们买进一只股票，这只股票却一直跌。或者我们买的没有涨，其他股票都在涨，这些都会给我们带来挫败感。

归根结底，还是专业的问题，如果你足够专业，就能够选对股票，如像腾讯这样的翻了上千倍的股票。

还有就是人的眼界和格局问题，眼界开阔、大格局的人，能拿得住好股票。今日资本的徐新投资腾讯 16 年，持续不断买进，翻了 500 多倍。

其他人也会买腾讯，但他们却没有徐新的眼界和大格局，赚 20% 就已经很满足了，立马换股操作。结果是卖掉了一只大白马股。

特别是在中途，腾讯股票也会有涨跌，有时候回撤达到了 40%，这时对于投资者也是很煎熬的。该不该继续持有，投资者心里也会打鼓，不知道未来会怎样。而真正的价值投资者徐新，则一直看好腾讯，一股都不卖，反而逢低买进，结果腾讯后来一路创新高，最后赚得盆满钵满。

我们现在反过来想一想，16 年徐新居然一股都没有卖出腾讯的股票，这是要有多大的耐心啊！又要忍受多大的诱惑啊！中间也会有非常煎熬的时候，担惊受怕，特别是腾讯在发展暂时受挫过程中，股价持续下跌。即便如此，徐新依然坚定持有，坚定相信腾讯是一个高成长性的好公司，值得长线持有。

所以，作者认为获取投资收益，不是我们想象的那么简单，要有专业知识，才能分辨出哪些是好股票；也要有足够的耐心，坚持长线持有；还要经受各种考验，在股价下跌的时候沉住气、不抛弃、不放弃。

所以说：投资是一门艺术，要像艺术家一样，要精雕细琢，才能创造一幅完美的作品。

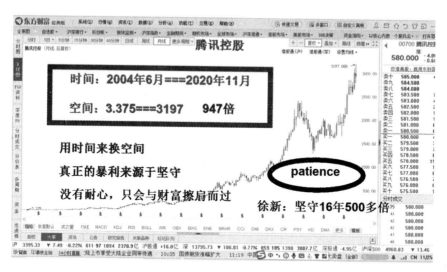

图 4-1

第三节　短期收益和长期收益

短期收益是短期内投资并获利，并且周期时间短、回报率很高的理财形式。

长期收益指需要经过长期的时间等待才能获取的收益。

一般人都看重短期收益，而忽视长期收益。如果说一只股票马上要涨停板，估计很多人去买。但如果说3年以后，一只股票会翻倍，很少有人会去关注。因为很少有人愿意慢慢地变得富有。

交易也是如此，即交易中赚一两次不难，难的是长期获利。

很多投资者都很崇拜巴菲特这样的交易大师，希望能长期获利。他们制订了详细的交易计划，希望按自己交易系统进行交易。

然而，真正入市以后，情况就完全不一样了。比如，他身边经常会有人获得暴利，使他也无法自制。再如某个人获得期货大赛冠军，一年翻30倍，他也受此影响，希望尽快获利，从而打乱了原有交易计划，盲目追求暴利。这里涉及一个短期收益和长期收益的问题。

请记住，抛弃短时期的暴利才能真正做到长期盈利。短时期的暴利不是稳定的利润，它只会破坏你的交易一致性和稳定性。

巴菲特这样的交易大师的年利润率长期看只有 20% 左右，这对那些怀着一夜暴富梦想的投资者来讲并不具有吸引力，甚至嘲笑巴菲特收益率太低。

然而，问题的关键是巴菲特能长期保持这一盈利比例，1957~2018 年，长达 61 年时间，做到平均年化为 21%，这才是问题的关键。61 年复利增长，巴菲特翻了 7.7 万倍。

很多投资者难以拒绝短期暴利的诱惑，经常买股票，换来换去，天天去追逐涨停板。要知道追涨停板，追得好就好，追得不好，也会让你短时间发生巨额亏损。追求短期暴利的代价是无法长期稳定获利。在某个阶段你的交易成绩可能会远远超过巴菲特、索罗斯这样的交易大师，但不能持久。因为暴利来自重仓，重仓必然带来重大风险事故。你重仓交易 10 次，对 9 次，最后 1 次错误，也可能让你万劫不复。

放弃短期暴利，保持交易的一致性，你才能长期稳定的获利。

巴菲特买的股票也有大涨和大跌的时候，然而他只是按照交易计划持有。许多交易大赛冠军，若干年大多数会销声匿迹，因为他们违反了市场的本质，反而一些默默无闻的人最终却成为赢家，他们的利润不高，所以无人知晓，但却稳定和一致。

做交易不仅要会分析市场，还要会拒绝各种暴利诱惑。保持低姿态，默默而稳健的前进，你应该记住，暴利不是市场的本质，暴利不可能长久。

交易只要能保持正常利润就可以，急功近利一定会断送你的前程。

保持稳定性，如果依据科学的交易理念和方法交易，则长期收益就会向你靠拢。

下面举两个案例说明，一个是正面的案例，另一个是反面的案例。

一、张磊在腾讯上获利 400 倍

腾讯是国内最大的社交网络公司，旗下的 QQ 和微信，成为国民级的社交 APP，微信用户数已超过 11 亿，QQ 用户数已超过 8 亿。在巨大的用户基数支撑下，腾讯通过流量变现，获得了巨大的成长，营收和净利润都持续增长，腾讯的股票自 2004 年在港股上市以来，一直持续上涨，市值已达 5.79 万亿港元。

如果把腾讯的股价考虑分红因素，按后复权看，最新股价高达 3090 港元，而腾讯上市时发行价为 3.7 港元，上涨了足足 834 倍。如果在腾讯股票上市时买入 10 万元，现在将变成 8350 万元。

张磊毕业于中国人民大学国际金融专业，后到耶鲁大学进修，毕业后创办了投资机构高瓴资本。

当高瓴资本成立并获得融资后，就需要进行投资了。当时高瓴资本将单笔投资限额内，最大的投资全部买入了腾讯公司的股票，彼时腾讯刚刚在港股上市一年多，主打产品就是 QQ，形象就是一只企鹅。

在投资之前，张磊进行了大量的基础研究，当时，国内互联网产业很简单，领军的是几大门户网站，只有腾讯在做即时通信软件。作为沟通软件，即时聊天突破了技术工具的界限，重要的是把人和人联系起来了，让人们可以和现实生活中的熟人以不同的方式交流，并构筑起一种全新的社会关系。

腾讯的投资亮点在于：真正打破亲疏关系局限、社交阶层局限和沟通场景的局限，帮助人们在虚拟世界实现毫无束缚的沟通，毕竟在现实中，我们对年长的都只能恭恭敬敬，对没有那么亲密的人也不敢说真心话，但这一切因为网络而改变。

但是，腾讯的用户到底有多少？有没有黏性？这些问题都是张磊必须考虑的，当时很多人还是不喜欢用 QQ，甚至觉得这是学生才会用的，不少上班的人以用 MSN 为荣，不用 QQ 的，觉得腾讯用户看上去就是"三低"用户——低年龄、低学历、低收入。

为了深入了解，张磊带着团队到义乌小商品城进行了调研，让他有了意外收获。那次其实并不是专门调研 QQ，而是调研其他业务，当时就顺便看看大家都是在用什么方式交流。结果张磊惊奇地发现，在每个摊主的名片上除店名、姓名、手机外，都印有一个 QQ 号。

张磊团队在拜访政府的招商办时，发现招商办的人员名片上也有 QQ 号，原来 QQ 用户的深度超乎想象。张磊顿时明白，QQ 对中国用户群体的覆盖率满足了社交无限可能，一旦腾讯占据了流量的入口，未来腾讯的潜力将是无限的。

此次调研，打消了张磊对投资腾讯的顾虑，让他坚信一个商业机会，不应看它过去的收入和利润，也不能看今天或明天的收入和利润，这些只不过是账面数字而已，虽然重要，但不代表全部，投资真正关心的是，这家公司能解决什么问题，是否可以给社会和消费者不断创造价值。

张磊说：只要是为社会疯狂创造价值的企业，它的收入、利润早晚会兑现，社会最终会给予它长远的奖励。

张磊创办的高瓴资本投资腾讯后，一直持有到现在，赚了几百倍，收益超过 220 亿元。除投资腾讯外，张磊继续加大对中国互联网产业的投资，京东、百度都有张磊的投资。现在，张磊创办的高瓴资本，资产规模已经超过了 5000 亿元。

二、李泽楷错失摇钱树

电讯盈科早期投资腾讯，李泽楷错卖股票损失 2000 亿元。1999 年，李泽楷的盈科数码曾向腾讯投资了 220 万美元，获得了 20% 的股份。但在 2001 年左右便以 1260 万美元卖给了南非的 MIH 集团，并且这个南非 MIH 还从腾讯的另一家投资机构 IDG 以及腾讯的创始团队买了 26% 的股份，当时南非 MIH 一共花了 3200 万美元。

李泽楷虽然当时赚了 1040 万美元，但却不知道日后的腾讯成长为市值 5.79 万亿港元，登顶亚洲第一的大公司。20% 的股份价值将近 1.1 万亿港元。李泽楷为了追求短期收益，错失了腾讯这棵超级摇钱树。

第四节　长期主义

长期主义是一个比较火的词，林园、但斌、张磊、贝索斯等一众大咖都在宣传，我们应怎么样理解长期主义？

一、长期主义是一种世界观

古人说，不在乎一城一池的得失，这是长期主义的观点。英国人说，不要只注意脚边的一枚六便士的硬币而忘了天上圆圆的大月亮，这也是长期主义的观点。

长期主义是一种世界观，它是用长期的角度去看待事态发展。举个例子：一个人小时候就有当飞行员的愿望，终于有一天他当上了飞行员。但他第一次飞行，飞机就出事了。好在他能够跳伞，但降落伞坏了，打不开，突然他看见了在正下方的地上有一个很高的干草垛，但再往下掉他又发现干草垛上有一个铁叉。幸运的是，他掉到了干草垛上，没有碰到那个铁叉。

看事态的发展要长远地看，不要一惊一乍，遇到糟糕的事应该有开阔的视野。这不是结束，很可能它只是序幕的开端。

图 4-2

资料来源：flickr.com.

二、长期主义是一种精神气质，是很难的事

长期主义除了是一种世界观，也是一种个人的精神气质。一般来说，内心比较有安全感的人，早年往往没有因为动荡贫困而对安全、金钱产生一种病态的迷恋。这样的人，他的精神气质比较倾向于长期主义。

如扎克伯格，在大学里创业写软件，微软想要花 200 万美元买这个软件，但他不喜欢微软，就这样拒绝了 200 万美元。

后来在 Facebook 成长的过程当中，他遭遇资金的挑战，雅虎 2006 年出价 8.5 亿美元收购 Facebook，他还是拒绝了。现在 Facebook 市值已经达到 9347 亿美元了。

我们可以说，扎克伯格内心有一种长期主义的精神气质。

图 4–3

资料来源：pixabay.com.

三、贝索斯的长期主义发展战略

我们来看看贝索斯创立的亚马逊的发展历程。

从 1995 年亚马逊成立一直到 2015 年，每年的财务净亏损都在 2000 万美元左右，直到 2016 年的时候，亚马逊实现了首次盈利。贝索斯坚持投资，低价扩大市场份额的战略，在很多投资人和观察家看来，简直就是离经叛道。他们不明白长期主义和短期主义之间的天壤之别。

长期主义和短期主义的区别，是热忱和唯利是图的区别。贝索斯希望员工对工作都抱有高度的热忱。有热忱，就会认同贝索斯所强调的长期主义。如果只是为了赚快钱，员工可能会因为下一个赚钱机会而轻易跳槽，这也是为什么亚马逊的薪酬架构中有比较大比例的股权激励，因为贝索斯清楚，要让员工能拥有长期思维，首先要让它们成为主人翁。

亚马逊在成长过程中并非总是一帆风顺，也并不是每个产品都像 AWS 云计算服务或者 Kindle 电子阅读器那样成功。

十年前，当各家高科技公司都纷纷涌入智能手机领域内的时候，亚马逊也像微软和谷歌一样，加入了"战团"。现在估计没有多少人能记起来亚马逊的智能手机"Fire"（火）系列，因为这款手机根本没有打开过市场，而亚马逊在手机折戟之后，很快就终止了研发。

这恰恰是贝索斯坚持长期主义的另一写照：勇于尝试，也迅速拥抱失败。谁也不可能对新科技的发展有准确的预期，不断尝试，有成绩就快速扩张，遭遇失败就迅速收尾总结经验，是谋求长期发展的不二法门。

虽然 Fire 手机失败了，但失败的 Fire 手机种下了亚马逊智能语音音响 Echo 和智能语音助手（Alexa）成功的种子。

长期主义需要勇于拥抱梦想。贝索斯小时候是科幻小说迷，热爱经典美剧《星际迷航》。他对太空旅行的向往，并没有停留在儿时的畅想上，2000 年，就秘密地创建自己的太空探索公司——蓝色起源。他在西得克萨斯州买了大片牧场作为发射基地，尝试设计可回收的火箭以及下一代飞船。

美国蓝色起源公司定于 2021 年 7 月 20 日进行该公司首次载人太空旅行。首飞任务的飞行器上座位票以 2800 万美元拍卖成交。买家届时将与世界首富杰夫·贝索斯同游太空。

贝索斯对太空冒险的执着，也是他勇于拥抱梦想的体现，而勇于拥抱风险也是长期主义的另一元素，因为它既需要短期的牺牲，也需要对长期目标的坚信。

贝索斯说我经常被问到一个问题："未来十年，会有什么样的变化？"但我很少被问到："未来十年，什么是不变的？"我认为第二个问题比第一个问题更重要：因为你需要将你的战略建立在不变的事物上。

四、林园的长期主义

"决定一个人的命运的不是出身，不是财富，而是认知。"认知是一个人的谋虑、思维、格局。一个人能不能成事，能成多大的事，在很大程度上取决于认知的高度。庸者谋利，能者谋局，智者谋势。只能看到眼前利益的是庸者，懂得谋局布局的是能者，可以借势造势的则是智者。认知在哪个层级，人生就处在什么样的层次。

（一）庸者谋利

《史记》里讲："天下熙熙，皆为利来，天下攘攘，皆为利往。"

喜欢财富是人的天性，没有什么不妥。但一个人若是一心盯着金钱，放弃长远的打算，那就愚蠢了。

清末大臣翁同龢主政的时候，向某国借款，别人给他送去一份回扣。翁同龢严词拒绝后，把这件事告诉了光绪。光绪异常恼怒，下令彻查，看看到底都是谁分了回扣。第二天，翁同龢上朝，光绪说："昨天的事不必追究了。"说完，仰天长叹。原来慈禧也分了回扣。南怀瑾说："远见抵不过现实的短视。"在生死存亡之际，最高统治者不但不努力拯救国家，反而见钱眼开，败亡也就是自然而然的事了。

东汉末年，董卓乱权。河北的袁绍实力雄厚，最有机会争夺天下。董卓火烧洛阳的时候，袁绍集结十八路诸侯讨伐叛逆。曹操在前方血战董卓，袁绍却因为担心损失兵马钱粮，拒绝救援。因此失去了打败董卓的最好机会。后来曹操嘲笑他："干大事而惜身，见小利而忘命。"遇到大事犹犹豫豫，对一点蝇头小利却格外在意。这样的人目光短浅，注定会为自己的短视付出代价。果然，不出十年，袁绍败亡，百年基业毁于一旦，北方最终被曹操统一。钱穆说："大成者参与天地，小用者谋利计功。"层次高的人考虑的是大的方向和战略，层次低的人考虑的都是鸡毛蒜皮的小利。只见小利的人，注定不会有什么大成就。

图 4-4

资料来源：pixabay.com.

（二）能者谋局

有大视野的人，才能有大格局；坐拥云起处，心容大江流。

有大格局的人，才能成大气候。谋事者谋一时，谋局者谋一世。

秦朝末年，刘邦率先攻入咸阳。百官将领都跑去宫殿，争抢美女财货。只有萧何跑去接收秦国的户籍、地图、律令。后来刘邦与项羽争天下，正是凭借这些典籍，掌握了天下形势。刘邦建立汉朝后，论功行赏。萧何成为大汉立国第一功臣。

真正做大事的人，才华只是辅助，见识和格局才是首要的。见识超绝的人，往往比别人看得更远，成就也比别人更高。

（三）战国时期，七国争雄

秦国庶子子楚在赵国当人质，很不得意。当然没有人愿意理会这样一个质子，只有吕不韦用心结交，认为子楚"前途无量"。当时安国君没有嫡子，将来子楚有登上王位的可能。吕不韦花钱在秦国游说，说动华阳夫人，立子楚为太子。后来，子楚回国，很快成为秦王。吕不韦也成为秦国宰相，封为文信侯，洛阳食邑十万户，从一个贱商逆袭为秦国贵族。

古人说，明者远见于未萌，智者避危于无形。一个明智的人认知具有穿透力，能够预见未来。如此，进可提前部署，退亦能规避祸患。

（四）智者谋势

雷军曾说："站在风口上，猪都能飞起来。"一个人对大势的准确把握，很多时候要大于努力。懂得借势，一个人才能真正实现人生的飞跃与发展。

《孙子兵法》里讲："故善战人之势，如转圆石于千仞之山者，势也。"圆石放在高山上，它一定会滚下来，而且无法阻挡。

真正厉害的人都懂得借势和造势。个人的能力是有限度的，很多事情，单凭自己的力量根本无法做到。学会借助趋势的力量，四两拨千斤，才能打破个人能力的局限，起到事半功倍的效果。

林园说："只有借助优质上市公司的快速发展，借势，来帮助自己实现翻10倍，百倍的目标。"他自己并不能让资金翻这么多倍，唯有两个字"借势"，借势是投资人的必修课。

和林园一样用26元买入茅台的人不在少数，但坚持持有到2000元的人不多。要赚大钱，就要满仓买入好股票，还要长期持有。那么，林园是怎么持有股票的呢？

（1）持有的目的是赚10倍以上。林园认为在股价上涨的过程中，一定不要卖。既然被套几年都熬过来了，一定要赚足，赚了50%就走，这是苦命人。

林园说："在股价上涨的过程中，无论股价多高都不要卖，那么，什么时候才能卖出呢？要在股价回调30%以上，确定上涨趋势完成后，才能卖出。我们不可能买在最低点，卖在最高点。我赚10倍以上的股票，都被深套过，但我比别人能熬，不赚8倍、10倍就不卖。"

（2）买入和持有分开。为什么要把买入和持有分开？是为了控制风险。比如，很多人觉得医药行业不挣钱，产品一直降价不看好，可就在行业发展不好的时候正是买入的最好时机。这个时候股价低，可以买到足够的量，股价上涨后赚得也多。

当企业发展到寡头垄断的时候，或者是企业发展非常好的时候，就不要买入了，因为这时股价越来越高，再买成本就上升，一直持有等着赚钱就行了。这样就是把买入和持有分开。

（3）要忍耐得住捂股过程的痛苦。股价来回调整对于投资者的心态肯定会有不良影响。对此，林园认为，要学会在痛苦中赚钱，克服人性共有的弱点，你比别人能熬就赚得多，你熬不住提前出局了，就赚不到钱。

买入好股票后最好的方法是捂股，股票有涨有跌很正常，业绩好的个股，其股价一定会不断创新高。你持有时间的长短决定了你赚钱的多少。

林园买入的股票，通常想的是，三年后、五年后、十年后，企业会经营的怎么样？成长性怎么样？他会尽量不去看股价。因为股票真正上涨的时间不到10%，大部分的时间都是盘整和休眠。

如果把时间周期拉长看，你30元买的茅台，还是50元买的茅台，根本不重要，重要的是企业的成长性和盈利能力。

如果你的目标是要赚取1亿元。那么中途所经历的挫折和痛苦，和1亿元相比起来，完全是毛毛细雨。茅台有几次深幅回调，超过50%，例如，2008年金融危机时。特别是2012~2013年，国家限制"三公"消费，导致茅台股价急速下跌，从266元跌到118元，林园一股都没有卖，他认为回调是正常的，恰恰是买入好时机。他把茅台分红全部买进茅台股票。茅台每年业绩稳定增长，曾经 2000 多元一股。

买入优质的资产（林园所说的赚钱机器，投入适当，产出无限大的），然后长期持有不动。这就是林园的长期主义炒股方法。用这种方法，林园在 2002 年买入茅台，一直持有到现在，获利超过 200 倍。

图 4-5

资料来源：flickr.com.

五、张磊的长期主义与价值创造

张磊在《价值》这本书中重点谈到坚持长期主义的重要性，强调"追求事业和梦想要着眼于长远，全神贯注并全力以赴"。

热忱和执着是长期主义的基础。我们常常讲"十年树木，百年树人"。长期主义者一定是立足当下，着眼未来，也许当下的生活暂时苟且，但每一天都要充满动力、每一天都要认真对待、每一天都要产生价值。如果你有志向成为一个牛人，不要只是黄粱一梦或者三分钟热度，也不要觉得太迟。

成功和当下的每一天付出、每一天努力创造价值都有着必然的联系。随着时间的流逝，企业不断加深自己的"护城河"，时间越久，你的竞争优势越发明显，这样才能让企业基业长青。

张磊在 2017 年人大毕业典礼上发表演讲：我希望大家选择做时间的朋友。有句话叫"风物长宜放眼量"，就是让我们从长远着眼，要看未来、看全局。作者常常给创业者建议，要学朱元璋"广积粮，高筑墙，缓称王"。

长期主义需要极强的自我约束力和责任感。在多数人都醉心于"即时满足"的世界时，懂得"滞后满足"道理的人，早已先胜一筹。可把这称为选择延期享受成功。

（一）张磊的投资哲学与投资方法论

张磊创立的高瓴资本是目前亚洲地区资产管理规模最大的投资基金之一，规模达到5000亿元，他本人也成为耶鲁大学历史上第一位华人校董。高瓴资本投资了腾讯、京东、美团、滴滴、蔚来汽车、Uber、Airbnb、百丽国际、普洛斯、百济神州、君实生物和药明康德等明星公司。

（二）张磊的投资理念

1. 三个哲学观

张磊有三个哲学观，也是在公司里反复强调并实践的。分别是："守正用奇""弱水三千，但取一瓢"和"桃李不言，下自成蹊"。"守正用奇"语出老子《道德经》的"以正治国，以奇用兵"。"弱水三千，但取一瓢"引申自《论语》，是说看准了好的公司或业务模式就要下重注。"桃李不言，下自成蹊"是说只要做正确的事情，不用到处宣传，好的企业家就会找到我们。

2. 真正的护城河

张磊认为，"真正的护城河"是会长期创造最大价值的，而且用最高效的方式和最低的成本创造最大价值。

在美国，20世纪50年代，品牌是最大化、最快创造价值的"护城河"，而随着互联网对品牌的冲击，品牌价值的护城河不一定是最高效的方式。这个世界永恒的只有变化，护城河也会变化。优秀的公司是当互联网大潮袭来时，能够深挖自己的"护城河"，主动拥抱互联网带来的变化。

张磊最看重的"护城河"是有伟大格局观的坚定实践者去挖的护城河，这些人能不断地根据变化作出反应。那些赚快钱的人逐渐会发现他的路越走越窄，而坚持做长期事情的人的路会越走越宽。

3. 拒绝投机

应通过企业持续不断地创造价值来获取收益，共同把"蛋糕"做大，是正和游戏。只赚企业成长的钱，反套利、反投机、反零和游戏、反博弈思维。

（三）张磊价值投资方法

1. 避开价值投资陷阱

价值投资陷阱包括价值陷阱、成长陷阱、风险陷阱、信息陷阱。价值陷阱的本质是企业利润的不可持续性或不可预知性；成长陷阱的本质是企业成长的不可持续性；避开风险陷阱的要义是不要错估风险；避开信息陷阱的要义是不要迷信信息。

2. 研究驱动

价值投资最重要的标志是研究驱动。研究驱动有以下三种形式：

（1）深入研究 = 研究深 + 研究透。

（2）长期研究 = 关键时点 + 关键变化。

（3）独立研究 = 独特视角 + 数据洞察。

独立研究的最大价值是让投资人敢于面对质疑，坚信自己的判断，敢于投重注、下重仓。

人生中只有火烧不掉的东西才重要，即一个人的知识、能力和价值观，而支撑这三个方面的，是一个人理性的好奇、诚实与独立，这三点构成对价值投资者的基本要求。

3. 在关键的时点投资关键的变化

张磊认为，识别关键时点，投资关键变化就要研究，只有研究才能对变化有理解。

关键时点 === 大家都看不懂的时候。

关键变化 === 量变引发质变。

只要你给社会创造很大的价值，早晚你会给所创的公司创造价值。

4. 找到第一性原理

第一性原理是不能从任何其他原理中推导出来的原理，是决定事物的最本质的不变法则。

在张磊眼中，一家公司最本质的东西是商业模式，即赚钱的逻辑，这是决定企业价值的第一性原理。

在想明白这个逻辑后，还要假设这个逻辑在什么情况下会被推翻、推翻的可能性有多大。

5. 寻找企业家精神

投资最重要的关注点是选到最合适的企业家。这个人既要有格局又有执行力，还要有很强的洞察力以及对事物本质的理解。

6. 做长期投资

价值投资的前提是对公司进行长期的、动态的估值，寻找持续创造价值的确定性因素。

实现超长期的研究需要两大前提：一是能做，即你的资本是长期的；二是愿做，即你的投资理念是长期的。

如果是一家优秀的公司，除非出现商业逻辑上的重大变化，否则不用考虑卖出持有的股票。而当一家优秀的公司出现短暂回调时，恰恰是最好的买点。

做企业的合伙人、进行超长期投资是张磊的信念和信仰。

总结来讲，第一点是把基金做成超长期结构的基金，第二点是所投公司和投资基金的理念要完全一致。张磊认为，投公司就是投人，真正的好公司是有限的，真正有格局观、有胸怀又有执行力的创业者也是有限的，不如找最好的公司长期持有，帮助企业家把最好的能力发挥出来。

所以，高瓴资本希望所投公司从早期、中期、晚期、上市乃至上市后一直持有。而非投一个IPO，上市卖掉，再不停地找。长青基金的特点是投PE项目不用担心退出压力，公司上市后，只要业务发展前景可期，基金会继续持有。

图 4-6

资料来源：pixabay.com.

第五节　复　利

复利指在计算利息时，某一计息周期的利息是由本金加上先前周期所积累利息总额而计算的计息方式，也即通常所说的"利滚利"。

巴菲特这样总结自己的成功秘诀："人生就像滚雪球，重要的是发现很湿的雪和很长的坡。"巴菲特是用滚雪球比喻通过复利的长期作用实现巨大财富的积累。雪很湿，比喻年收益率很高；坡很长，比喻复利增值的时间很长。巴菲特讲了三个神奇的历史故事说明复利的神奇作用。

一、从3万美元到2万亿美元

我根据并非完全可靠的消息来源得知，伊萨贝拉女王当初资助哥伦布环球探险航行的投资资本大约是3万美元，大家普遍认为这笔投资是一项相当成功的风险投资。但我认为，如果不考虑发现地球的另一半所带来的心理上的满足的话，我必须指出，尽管当时普遍盛行擅自占地者通过对不动产的占有达到一定期限而获得所有权的权利，这项交易的回报也肯定没有投资 IBM 更加赚钱。粗略估算，如果当时把这3万美元投入年复合收益率为 4% 的项目，那么到1962年将会累计增值到2万亿美元（这2万亿美元是真金白银而不是政府统计的数据）。那些为卖掉曼哈顿岛的印第安土著进行辩护的历史学家们或许也可以从类似的计算中找到辩护的理由。这样的几何级财富增长过程表明，要想实现神话般的财富增值，要么让自己活得很长，要么让自己的钱以很高的收益率复合增长。关于如何让自己活得很长，我本人并没什么特别有益的经验可以提供给各位。

二、从2万美元到1000万亿美元

由于复利这件事情看起来十分无聊，这一次我将尝试转向艺术品世界，用小小一堂课来解释复利的神奇。法国国王弗朗西斯一世在1540年支付了4000埃居，购买了达·芬奇画作《蒙娜丽莎》。只有万分之一的可能性，你们中少数人才会注意到埃居的价格波动，当时的4000埃居约合20000美元。

如果法兰西一世能脚踏实地做些实实在在的投资，他（和他的受托人）能够找到一个每年税后复利收益率 6% 的投资项目，那么到现在的 1963 年这笔投资将会累计超过 1000 万亿美元。这笔超级庞大的资产超过 1000 万亿美元，或者说超过现在法国全国负债的 3000 倍以上，全部来自每年 6% 的复利增长（译者注，用本金 2 万美元乘以 1.06% 的 423 次方）。我想这个故事可以终结我们家里关于购买一幅油画严格来说是不是一笔投资的争论了。

三、从 24 美元到 420 亿美元

这是一个关于曼哈顿岛的印第安人把这座小岛卖给臭名昭著的、挥霍浪费的荷属美洲新尼德兰省总督彼得·米纽伊特（Peter Minuit）的传奇故事，印第安人在交易中体现出来的精明将会永远铭刻在历史上。我了解到，印第安人从这笔交易中净落到手的钱约合 24 美元。付出金钱的 Peter Minuit 得到了曼哈顿岛上 22.3 平方英里的所有土地，约合 621688320 平方英尺。按照可比土地销售的价格基础进行估算，我们不难做出一个相当准确的估计，现在每平方英尺土地价格估计为 20 美元，因此可以合理推算整个曼哈顿岛的土地现在总价值为 12433766400 美元。对于那些投资新手来说，这个数据听起来会让人感觉米纽伊特总督做的这笔交易赚大了。但是，印第安人只需要能够取得每年 6.5% 的投资收益率，就可以轻松笑到最后。按照 6.5% 的年复利收益率，他们卖岛拿到的 24 美元经过 338 年到现在会累计增值到 42109362790 美元，而且只要他们努力争取每年多赚上半个百分点让年收益率达到 7%，338 年后的现在就能增值到 2050 亿美元。

巴菲特在 1963 年分析说："要取得如此神奇的投资业绩，还需要有其他关键因素的作用。一个因素拥有聪明才智让自己活得足够长，另一个影响重大的因素是复利利率非常微小变化就能导致最终累计增值的巨大变化，而且也非常明显的是期限越长这种影响越大。"

从 1965 年巴菲特接管伯克希尔公司，到 2010 年，过去 46 年巴菲特平均取得了 20.2% 的年复合收益率，同期标准普尔 500 指数年复合收益率为 9.4%，巴菲特每年只不过比市场多赚了 10.8% 而已。但是 46 年巴菲特累计赚了 90409%，而指数累计增长了 6262%。

　　1994 年 10 月 10 日，巴菲特在内布拉斯加大学的演讲中说："复利有点像从山上往下滚雪球。最开始时雪球很小，但是往下滚的时间足够长（从我买入第一只股票至今，我的山坡有 53 年这么长），而且雪球粘得适当紧，最后雪球会很大很大。"

　　想学习巴菲特"滚雪球"，你要找到很湿的雪和很长的坡。

第五章

时　间

时间周期是最奇妙的分析工具。时间又是世界上最伟大的赚钱工具，很多交易大神都喜欢做时间的朋友。

第一节　时间的定义

时间是物质永恒运动、变化的持续性及顺序性的表现，包含时刻和时段两个概念。时间是人类用以描述物质运动过程或事件发生过程的一个参数。以地球自转为基础的时间计量系统称为世界时系统。时、日、月、年、世纪的时间计量属天文学中的历法范畴。时间是物理学中的七个基本物理量之一，符号为 t。在国际单位制（SI）中，时间的基本单位是秒，符号为 s。

时间的四大特性：

（1）供给毫无弹性。时间的供给量是固定不变的，在任何情况下既不会增加，也不会减少，每天都是 24 小时，所以我们无法开源。

（2）无法蓄积。时间不像人力、财力、物力和技术那样被积蓄储藏。无论是否愿意，我们都必须消费时间，所以无法节流。

（3）无法取代。任何一项活动都有赖于时间的堆砌，也就是说，时间是任何活动所不可缺少的基本资源。因此，时间是无法取代的。

（4）无法失而复得。时间无法像失物一样失而复得。它一旦丧失，就会永远丧失。花费了金钱，尚可赚回，但倘若挥霍了时间，任何人都无力挽回。

第二节 时间周期

时间周期，又称循环周期、时间循环周期。它是自然界的一种规律，可以说大到宇宙小至草木，无一不受时间循环的支配。

一、宇宙天体运行时间周期

图 5-1

资料来源：pixabay.com.

各星球绕太阳公转的周期为：

地球 365 天。

金星 225 天。

木星 4333 天（11.86 年）。

水星 88 天。

火星 686.971 天。

土星 10760 天（29.5 年）。

海王星 60190 天（164.8 年）。

冥王星 90800 天（248.6 年）。

天王星 30685 天（84 年）。

另外，月亮绕地球 30 天，地球自转 1 天，这是地球系统内部循环。

太阳内自转周期 27 天（导致地磁扰动周期 27 天）。

我们可以看到，太阳系各个天体运行时间周期是有规律的。

二、人类生命周期的变化规律

我们常说"男八女七"，这实际指的是人类生命周期的变化规律。它在《黄帝内经》中就已有记载。男人以阳气为主，其生命周期是八；女性以阴血为主，其生命周期是七。也就是说，男性在 8 岁、16 岁、24 岁、32 岁、40 岁、48 岁、56 岁、64 岁，每八年有一次变化；而女性在 7 岁、14 岁、21 岁、28 岁、35 岁、42 岁、49 岁、56 岁、63 岁，每七年有一次变化。

三、植物每年开花的季节或月份

一月：南天竹、梅花、一品红、君子兰、水仙。

二月：山茶花、梅花、蟹爪莲、春鹃、小苍兰。

三月：浦包花、樱草、瓜叶菊、春兰、四季海棠。

四月：佛手花、香橼花、碧桃、丁香、连翘。

五月：叶子花、朱顶红、八仙花、夏鹃、天竺葵。

六月：夹竹桃、白兰、八仙花、韭菜莲、夏鹃。

七月：叶子花、夹竹桃、白兰、文珠兰、韭菜莲。

八月：珊瑚豆、大丽花、美人蕉、叶子花。

九月：桂花、大丽花、美人蕉、米兰、茉莉。

十月：果石榴、桂花、叶子花、米兰、大丽花。

十一月：菊花、四季海棠等。

十二月：一品红、小苍兰、佛手掌等。

从上面的花期看，植物花期也是有一定规律的。

四、人类的经济周期

经济发展运行过程中，有巅峰也有低谷，这是经济发展的客观规律，不可避免。

（1）繁荣：国民收入高于充分就业水平。它的特点是生产、投资、信贷扩张迅速，价格水平上升，就业增加，公众对未来持乐观态度。

（2）衰退：从繁荣到萧条，是一个过渡时期，此时经济开始从顶峰下滑，但并没有到达谷底。经济增长停滞，商品价格下跌，企业生产能力下降，人员大量失业，利率下降，收益率曲线大幅下降，居民消费预期下降，工业发展即将结束，交通运输业接近新的开始，板块的消费和信息在股市相对较强，而金融业则相对较弱，债券是最佳选择。

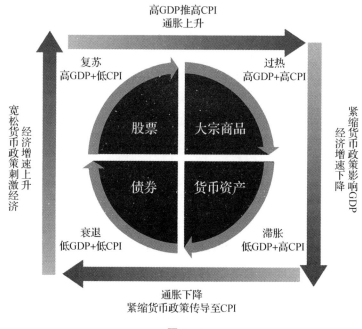

图 5-2

（3）萧条：国民收入低于充分就业水平。其特征是生产、投资、信贷紧缩、价格水平下降、严重失业和公众对未来的悲观情绪急剧下降。萧条的最低点被称为谷底，此时就业和产出降至最低点。此阶段供需均处于较低水平，特别是经济前景依然迷茫，使社会需求不足，资产缩水，失业率居高不下。

通常，在这种情况下，政府的宏观调控会产生一定的效果，减少社会恐慌，恢复人们对未来的信心，所以整个社会经济在触底后会开始显示出复苏的迹象。

（4）复苏：是从萧条到繁荣的过渡时期，经济开始从谷底回升，但尚未达到顶峰。经济不景气，政府通过一系列调控措施刺激经济发展。这时调控措施的效果已经初步显现，经济开始复苏，需求开始释放，生产逐渐活跃，物价水平稳定，进入上涨区间。与此同时，GDP 的增长率可能会由负变正，由慢变快，逐渐增加。此时企业闲置的生产能力还没有完全释放出来，周期性的扩张已经变强，所以在这个阶段，企业的利润开始大幅增加。

人们可以通过各种控制措施将不同阶段的持续时间延长或缩短，但不能完全避免某一阶段的到来。

经济周期的周期通常没有标准，根据不同的经济周期理论，分为短周期、中周期和长周期三种。

1. 短周期

短周期通常 3~5 年，通过库存、商品和投资的变化最终确定一个经济周期的完成。

2. 中周期

中周期通常为 8~10 年，通过设备更换和资本投资的变化来决定一个经济周期的结束。比如，大型基建设备使用寿命 10 年，循环更换 10 年，经济会同步变化。

3. 长周期

长周期一般是 40~60 年，其经济周期的典型代表是康德拉季耶夫周期，也称为康柏周期，是经济周期中最著名的。它认为经济周期是技术革命的最终结果，也就是说，科学技术是第一生产力，它通过促进社会进步来推动经济周期，每一次技术变革都有 40~60 年的沉淀期。

所以，我们常说经济周期是几年，通常说的是短期周期，认真研究周期在宏观经济中有着不可替代的作用。

第三节　变盘时间窗口

变盘时间窗口，指前一个趋势行情结束，新的趋势行情开始的节点。

巴菲特谈 10 年经济周期："每隔 10 年左右，乌云就会笼罩在经济世界上空，随后便会下起黄金雨。而倾盆大雨之时也正是我们抄底的时候。"中国香港股市在 1987 年、1997 年、2007 年都发生了"股灾"。

那么，中国 A 股市场又是一个什么样的情况呢?

从 2007 年 10 月 16 日，上证指数的最高点 6124 点，到 2019 年 5 月，上证指数经历了 4 次 55 周变盘，2 次 144 周变盘。

一、上证指数周线图

上证指数经常发生 55 周变盘和 144 周变盘。55 周发生了 4 次，144 周发生了 2 次。未来很有可能发生第三次 144 周变盘。

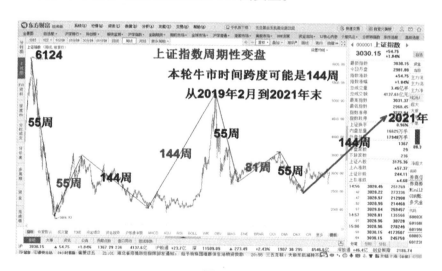

图 5-3

二、国内期货铜的变盘时间周期

铜期货经历了 3 次 55 月变盘，2 次 34 月变盘。变盘规律性非常明显。

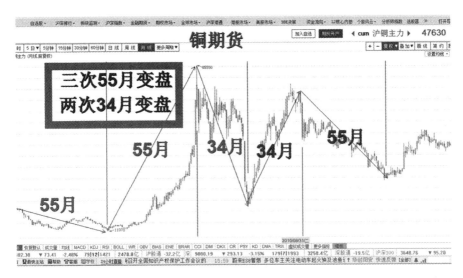

图 5-4

三、白糖月线图

白糖期货经历了 3 次 34 月变盘。很多期货人都知道白糖的 3 年周期，实际上是 34 个月，就是 3 年差 2 月。

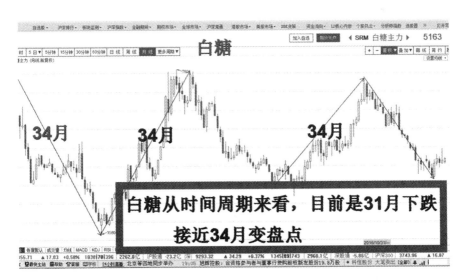

图 5-5

从以上的几个案例中可以看出上证指数、国内期货铜和白糖的变盘时间周期，都是有一定的规律可循。34、55 等数字反复出现，这些数字其实是斐波那契数字。

斐波那契发现了一组对世界产生深远影响的神奇数字。这组数字为 1、2、3、5、8、13、21、34、55、89、144、233……后一个数字都等于前两个数字之和。例如，2+3=5、3+5=8、34+55=89 等。

每一个数字与后一个数字的比值无限接近于 0.618。如 2/3=0.666、5/8=0.625、21/34=0.6176、34/55=0.6181。

由斐波那契数列引发的 0.618 是个神奇的数字，它具有严格的比例性、艺术性、和谐性，蕴藏着很深的美学价值。巴黎圣母院、巴黎埃菲尔铁塔、埃及金字塔等世界著名建筑均能从它们身上找到 0.618 的影子。名画、摄影、雕塑等作品的主题都在 0.618 处。

四、江恩时间窗口

当市场趋势运行到 3、5、8、13、21、34、55、89、144……这些斐波那契数字的时候容易发生变盘，这就是江恩时间窗理论。这个时间窗口可以是日线级别，也可以是周线、月线级别。

我们之前看到的铜期货 34 月、55 月的变盘，就符合江恩时间窗口理论。上证指数 4 次 55 周变盘，也符合江恩时间窗口理论。

运用江恩时间窗口理论，我们发现，在市场行情中，有很多的趋势行情的变盘时间窗口，都是落在这些斐波那契数字上面。

我们可依据江恩时间窗口理论对趋势行情的变盘时间窗口作出大概的预测，用于指导我们的交易。

第四节　时间窗口与交易

为什么要研究时间窗口？时间窗口对于我们的交易有什么指导意义？

知道了时间窗口，我们就可以提前预测它的变盘点。而变盘点对我们的交易具有重大指导意义。

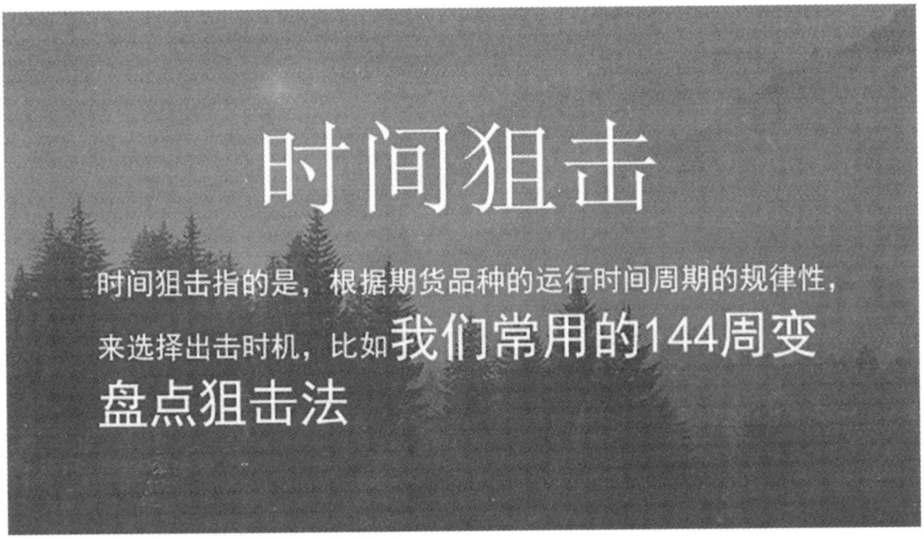

时间狙击
时间狙击指的是，根据期货品种的运行时间周期的规律性，来选择出击时机，比如我们常用的144周变盘点狙击法

图 5–6

资料来源：pixabay.com.

一、螺纹钢周线图

螺纹钢 1
144周
狙击点

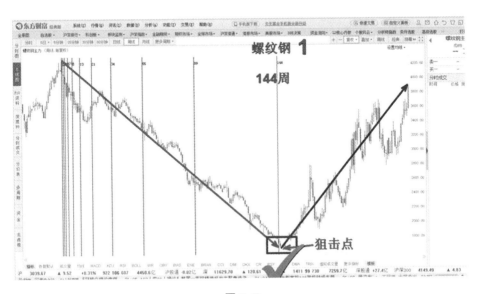

图 5–7

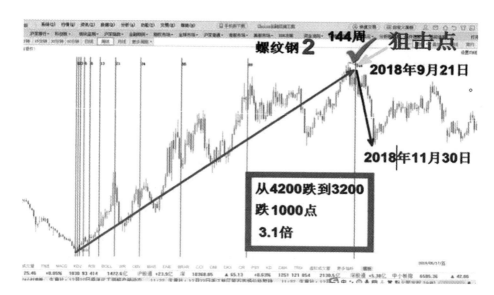

图 5-8

二、焦炭周线图

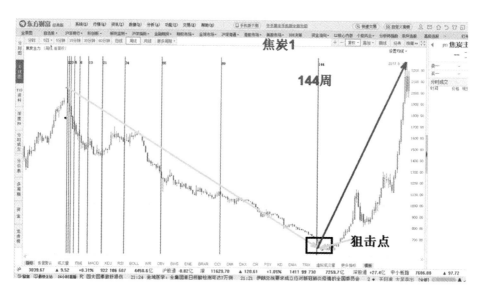

图 5-9

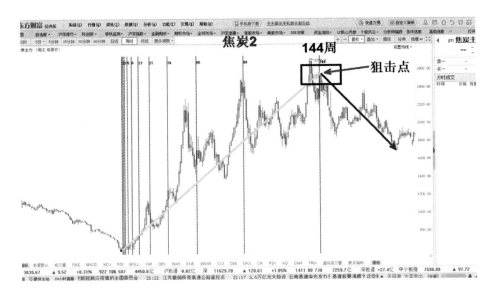

图 5-10

三、黄金周线图

图 5-11

四、白银周线图

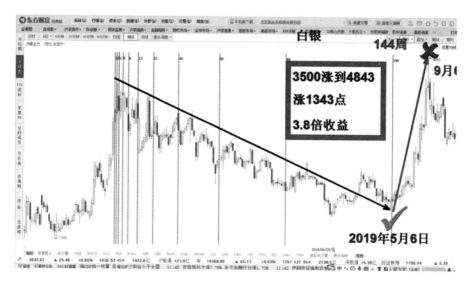

图 5-12

我们知道了变盘时间窗口，就能够找到变盘点。在变盘点附近做交易，我们可以在最低点附近做多，或者最高点附近做空，这样我们的进场点可以做到最优。

当然，不一定所有的品种都是 144 周变盘，要懂得灵活运用。千万不能机械化认知，它也有可能在 34 周、55 周、89 周发生变盘。

第六章

空　间

空间是盈利的保证，空间越大，盈利越大。

空间中关键节点对于交易有重大的指导意义。

第一节　空间的定义

空间是与时间相对的一种物质客观存在形式，但两者密不可分，按照宇宙大爆炸理论，宇宙从奇点爆炸之后，宇宙的状态由初始的"一"分裂开来，从而有了不同的存在形式、运动状态等差异，物与物的位置差异度量称为"空间"，位置的变化则由"时间"度量。空间由长度、宽度、高度、大小表现出来。通常指四方（方向）上下。

空间有宇宙空间 、网络空间、思想空间、数字空间、物理空间等，都属于空间的范畴。地理学与天文学中，空间指地球表面的一部分，有绝对空间与相对空间之分。空间由不同的线组成，线组成不同形状，线内便是空间。

空间是一个相对概念，构成了事物的抽象概念，事物的抽象概念是参照于空间存在的。

在交易中，空间指价格差。价格差越大，越能赚钱。比如，你买一只股票，从1元涨到10元，中间价差9元就是盈利空间。

第二节　空间与"借势"

人生三借：借势、借智、借力。

借势：时势造英雄，读懂趋势，把握趋势才能赢在未来，人生最大的智慧是选择。

借智：聪明人不断摸索总结经验，智慧的人善于向外学习，快速行动，节约人生成本，缩短成功时间。

借力：没有完美的个人只有完美的团队，借力打力！小成功靠个人，大成功靠团队。善用借字，成就一生。

一、借势

本节主要讨论空间与借势。空间越大，我们可以借的"势"越大。

我们来看一个案例。

江铜从 29 元跌到 0.22 元。它的净资产是 10 元，未来上涨空间够不够大？

我们通过倒推法则计算我们的未来可盈利的空间。从 0.22 元涨到 29 元，要翻 134 多倍。这种空间才是我们想要的，买进去才有"肥肉"吃。

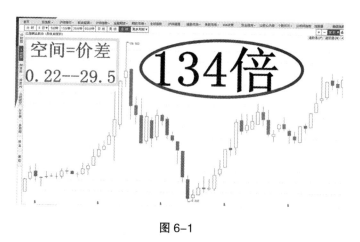

图 6-1

如果我们在 0.22 元时买入，很快就可以翻 100 多倍。

《孙子兵法》兵势篇上说：故善战人之势，如转圆石于千仞之山者，势也。说明善战人之势即制胜之势，如同从千仞的高山上滚下圆石，用力极微，其冲击力极大，势不可当。

三种方案移动巨石：

（1）平推：费力，效果一般。

（2）从山底往山顶推：费九牛二虎之力，效果差。

（3）从山顶往山底推：非常轻松，效果非常好。（借势）

我们做交易也要懂得借势，空间大 === 价差大 === 获利可能性大。

要有巨大的获利空间才出手。

我们要求大家，要耐心等待时机，让别人把价格推高，推到最高点，我们再进场做空（借势），这样我们就可以获得巨大获利空间。反之，让空头把期货价格打到最低，低到不能再低，我们再进场做多（借势），这样同样可以获得巨大获利空间。

我们把行情价格底部、腰部、顶部比喻成山底、山腰、山顶。我们在哪里做空比较好？

我们要在山顶做空，在山底做多？因为只有这样，我们才能获得最大的价差，才能"借势"，才有可能获得最好的收益。

图 6-2

在山底做空肯定会比选择在山顶做空好。

在山顶做多肯定会比选择在山底做多好。

二、多大的空间满足我们的要求

如果买进去，能够翻 5 倍以上的标准，或者 10 倍、20 倍。

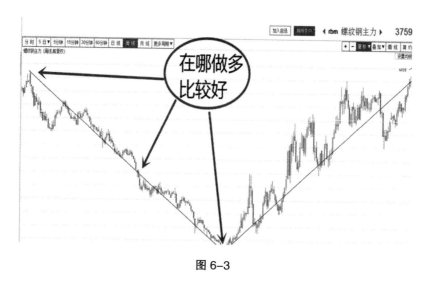

图 6-3

比如，螺纹钢，这是从 5230 元跌到 1618 元，如果在 1600 元附近做多，通过倒推法，我们的获利空间高达 32 倍，所以值得投资。

必须是 5 倍，或者 10 倍、20 倍的获利空间才能满足我们的要求。才能"借势"。如果有的选择，一定要选择获利空间大的品种来做，优中选优。

第三节　空间的关键节点

我们要抓主要矛盾和矛盾的主要方面。那么空间中的关键节点，就是要抓矛盾的主要方面。

交易中我们都在追求最优的进场点和出场点。把它放在空间里，就是找到关键节点，如最低点和最高点。怎么样才能找到关键节点？我们有什么方法？

第四节　结构思维法

在交易中我们觉得找顶和底非常难。难道没有方法解决这个问题？笔者试图把整个趋势行情进行结构拆分，拆分成 3 个部分：分成第一波上涨（或者下跌），回调（或者反弹）；然后第二波上涨（或者下跌）。拆分的目的是找到它的顶和底。

这是一个下跌趋势，笔者进行了结构拆分，目的是找到底部。

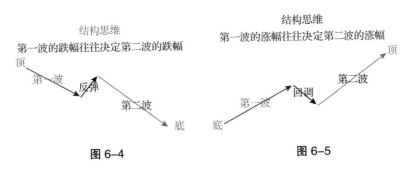

图 6-4　　　　　　　　　　　图 6-5

这是一个上涨趋势，笔者进行了结构拆分，目的是找到顶部。

拆分之后，我们惊讶地发现，行情第一波和第二波存在某种规律性。

行情第一波的高度决定第二波的高度。

第一波到 100% 位置，第二波可能到 200% 位置。

在 200% 的位置，也就是最高点或者最低点，进行狙击，做到精确定位，精准打击。

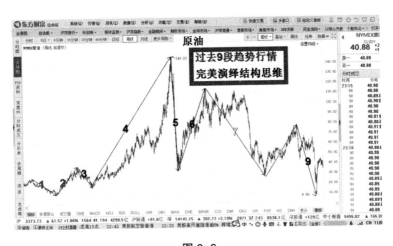

图 6-6

一、原油周线图

原油过去 9 段趋势行情，完美演绎了结构思维。用结构思维的方法判断行情的顶和底并且指导我们实战交易。

我们一起来看看实战中如何去把握原油的顶和底。

让我们从原油1开始。1997年1月到1998年12月，原油从25元跌到10元，运用结构思维方法，200%位置就是10.3。

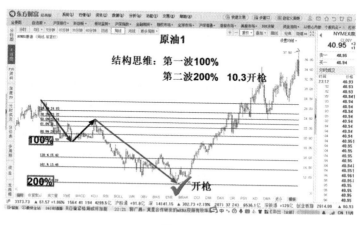

图 6-7

原油2。从1998年12月到2000年9月，原油从10元涨到37元，200%位置就是37元。

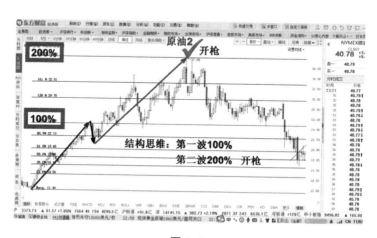

图 6-8

原油3。从2001年11月到2008年7月，原油从16元涨到147元，200%位置就是141元。

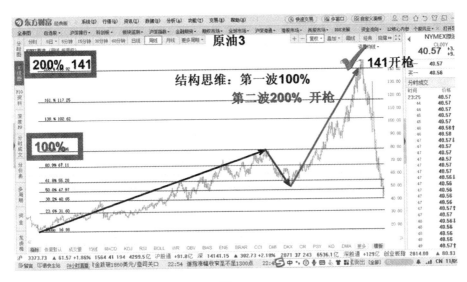

图 6-9

原油 4。从 2008 年 7 月到 2008 年 12 月，原油从 147 元跌到 32 元，200%
位置就是 34.67 元。

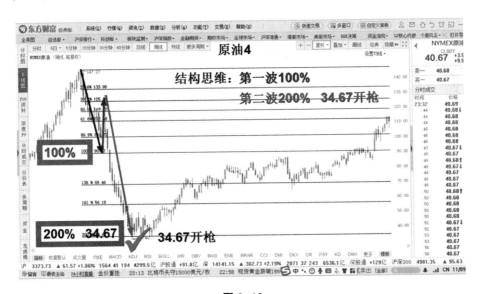

图 6-10

原油 5。从 2008 年 12 月到 2011 年 5 月，原油从 32 元涨到 114.83 元，
200% 位置就是 115 元。

图 6-11

原油 6。从 2011 年 5 月到 2016 年 2 月，原油从 114 元跌到 26 元，200% 位置就是 35.5 元。

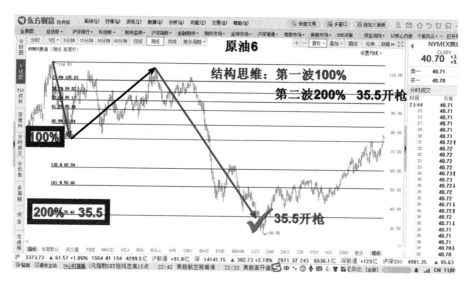

图 6-12

原油 7。从 2016 年 2 月到 2018 年 10 月，原油从 26 元涨到 76.9 元，200% 位置就是 76.9 元。

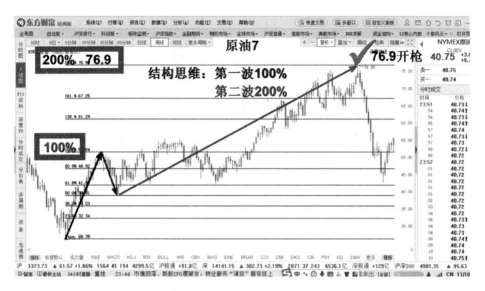

图 6-13

原油 8。从 2018 年 10 月到 2020 年 4 月，原油从 76.9 元跌到 6.5 元，200% 位置就是 8.68 元。

图 6-14

二、原油的未来

按照结构思维法：原油未来目标位 81.55 元，大家拭目以待吧。

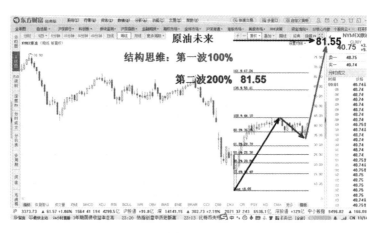

图 6-15

第五节　结构思维法的运用

结构思维法，不单单是在原油上非常好用，在上证指数、沪深 300 指数上也一样好用。

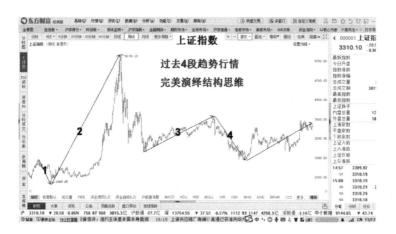

图 6-16

一、上证指数周线图

用结构思维的方法判断行情的顶和底，并且指导我们的交易。

我们一起来看看实战中如何去把握上证指数的顶和底。

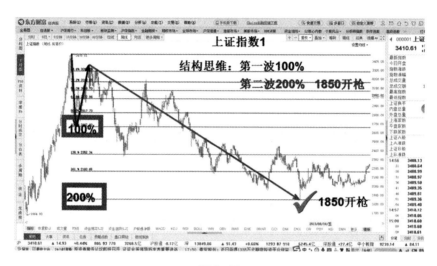

图 6-17

2015 年，如果我们用结构思维的方法，可以很轻松地找到 200% 的位置 4981 点。

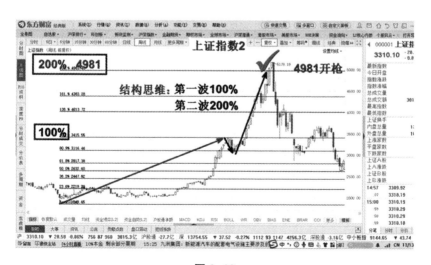

图 6-18

我们可以提前逃顶，接下来的"股灾"就跟我们没有什么关系。

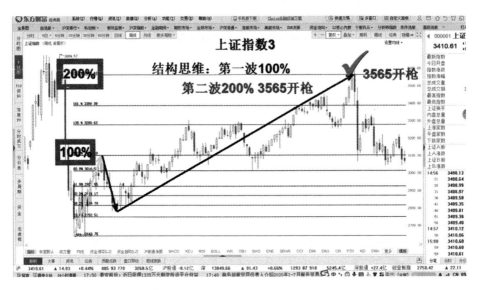

图 6-19

200% 的位置 2499 点就是本轮牛市的起点。

图 6-20

结构思维法在外汇市场也一样有用。我们来看看英镑兑美元。

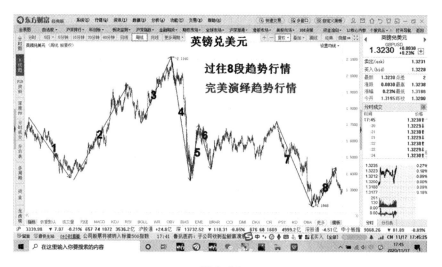

图 6-21

二、结构思维法

行情第一波的高度决定第二波的高度。

第一波 100%，第二波可能在 161%。

在 161% 的位置，也就是最高点或者最低点进行狙击，做到精确定位，精准打击。

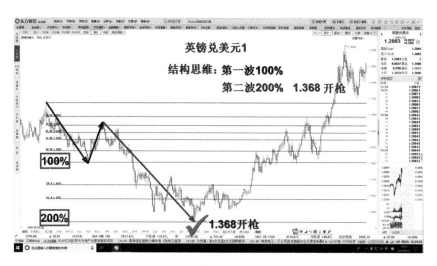

图 6-22

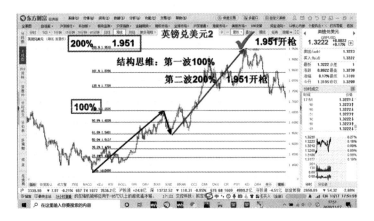

图 6-23

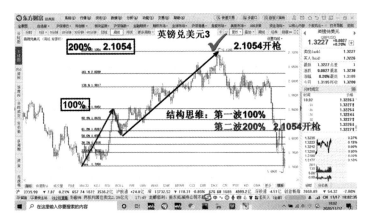

图 6-24

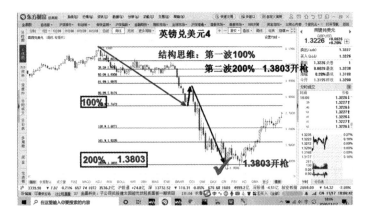

图 6-25

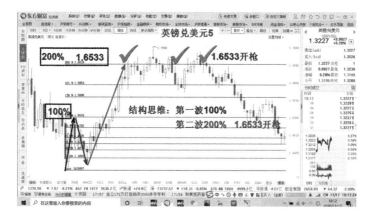

图 6-26

图 6-27

图 6-28

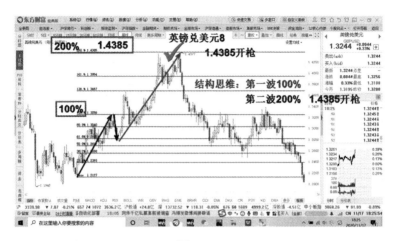

图 6-29

三、2021 年的案例

1. 螺纹钢周线

结构思维法：第一波 100%，4603 点；

第二波 200%，6103 点。

螺纹钢 200% 的位置在 6103 点，实际最高点 6208 点。

如果做多，我们会一直拿到 6103 点。

如果做空，我们会在 6103 点开枪。

图 6-30

2. 铁矿石周线

结构思维法：第一波 100%，915 点；

第二波 200%，1288 点。

铁矿石 200% 的位置在 1288 点，实际最高点 1358 点。

如果做多，我们会一直拿到 1288 点。

如果做空，我们会在 1288 点开枪。

图 6-31

3. 玻璃周线

结构思维法：第一波 100%，2037 点；

第二波 200%，2897 点。

玻璃 200% 的位置在 2897 点，实际最高点 2945 点。

如果做多，我们会一直拿到 2897 点。

如果做空，我们会在 2897 点开枪。

当然也有些特殊情况，我们要灵活运用结构思维法，千万不能机械化使用。

做交易，一定要带上风控，带上止损，做错了，就要懂得止损。

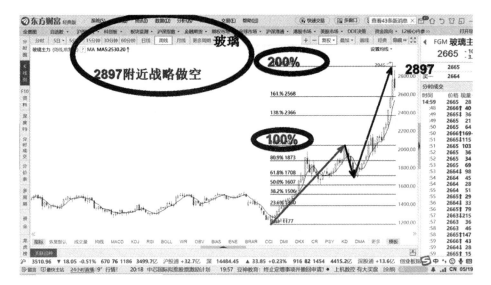

图 6-32

第七章

时空定位

如果可以定位时空上的某个点，那么我们做交易就可以有一个明确的导航。

第一节　趋　势

趋势是市场沿着某一种方向持续运行。它是一种巨大的力量，很难被轻易地改变。

趋势分为两种：上升趋势和下降趋势。每段趋势都有对应的时间周期和对应的空间范围。一些关键时空节点，对于趋势的形成和发展具有重大的决定作用。

趋势两大要素：时间和空间

趋势的形成离不开两大要素

时间和空间

时间要足够长，空间要足够大

图 7-1

来源：pixabay.com

一、国内期货铜

趋势形成：既离不开时间也离不开空间。

时间要足够长，空间要足够大。

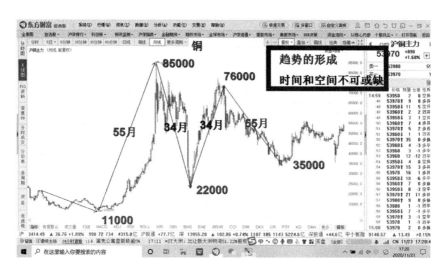

图 7-2

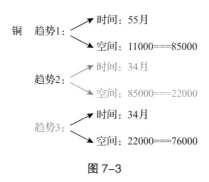

图 7-3

二、原油

趋势形成：既离不开时间也离不开空间。

时间要足够长，空间要足够大。

图 7-4

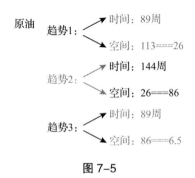

图 7-5

趋势一旦形成，就会运行比较长时间。

铜：经常 34 月或者 55 月才发生变盘。

原油：经常 89 周或者 144 周，才发生变盘。

图 7-6

来源：pixabay.com

第二节　时间换空间

时间和空间是相互依存的，交易中要想获得巨大的盈利，必须有足够大的空间。

要想获得足够大的空间，需要用时间来换。

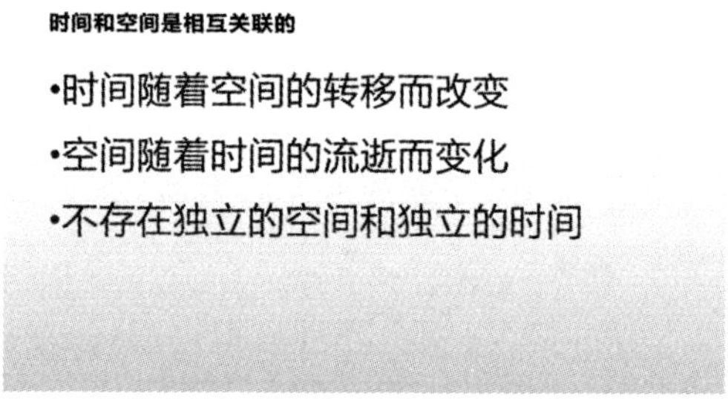

时间和空间是相互关联的

- 时间随着空间的转移而改变
- 空间随着时间的流逝而变化
- 不存在独立的空间和独立的时间

图 7-7

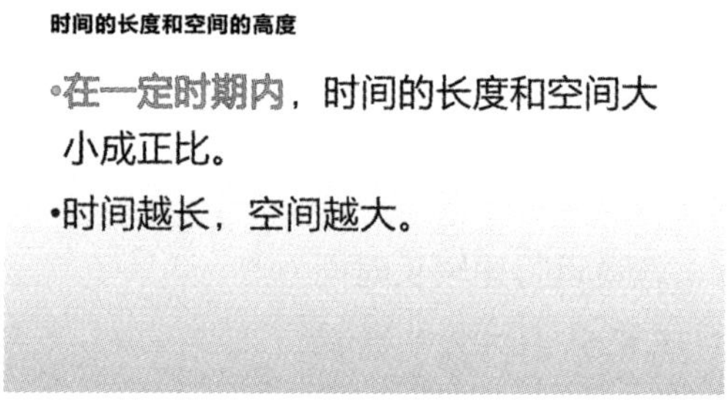

时间的长度和空间的高度

- 在一定时期内，时间的长度和空间大小成正比。
- 时间越长，空间越大。

图 7-8

我们来看一些股票高手的做法。

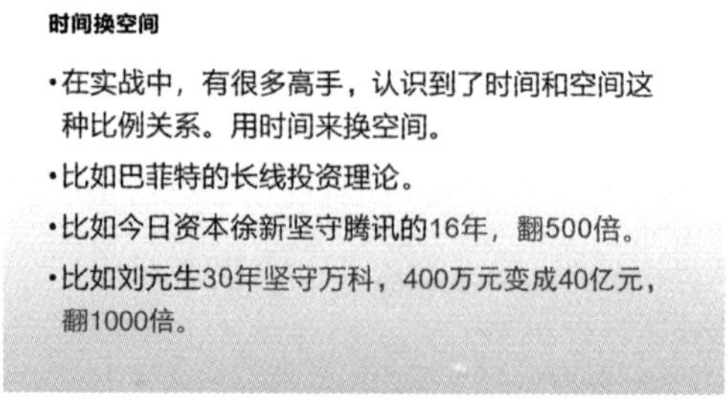

时间换空间

- 在实战中，有很多高手，认识到了时间和空间这种比例关系。用时间来换空间。
- 比如巴菲特的长线投资理论。
- 比如今日资本徐新坚守腾讯的16年，翻500倍。
- 比如刘元生30年坚守万科，400万元变成40亿元，翻1000倍。

图 7-9

徐新用 16 年时间持股腾讯，翻 500 倍。

刘元生用 30 年坚守万科，翻 1000 倍。

大家要懂得用时间换空间。

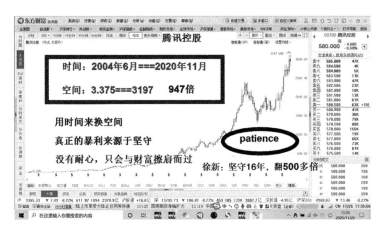

图 7-10

"股神"巴菲特就非常精通用时间换空间。

股神的秘籍

- 股神巴菲特主张的长期投资，期限有多长呢？
- 巴菲特的投资期限分为三个等级。最短：5~10 年，中等：10~12 年，最长：20 年以上。
- 巴菲特一只股票平均持股时间为8年，你拿了多久，你赚了多少！股票不是用来炒的，而是用来投资的

图 7-11

巴菲特的长期投资理念

- 可口可乐　　　　10年　　6倍　　赚100多亿美元
- 政府雇员保险公司　20年　　50倍　　赚70亿美元
- 华盛顿邮报　　　　30年　　160倍　　赚16.87亿美元
- 吉列剃须刀　　　　14年　　6倍　　赚37亿美元
- 美国广播公司　　　10年　　6倍　　赚21亿美元
- 美国运通　　　　　11年　　48倍　　赚70亿美元

图 7-12

不懂得用时间换空间，会错失很多机会。

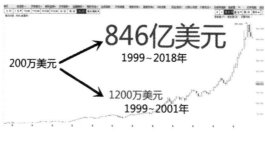

图 7-13

图 7-14

来源：pixabay.com

第三节　关键时间节点

时间周期分为上涨周期和下跌周期。每个时间周期里都有两个关键节点：开始点和结束点。这两个点我们可以称作变盘点，或者变盘时间窗口。在交易过程中，变盘点非常重要。

一、聚丙烯周线

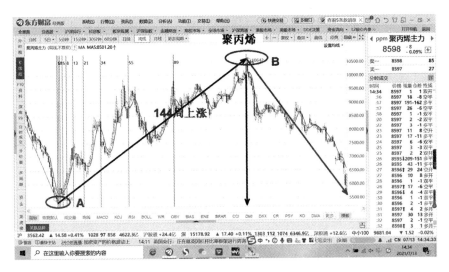

图 7-15

A 点是上涨周期的开始点，B 点是结束点。

二、铜月线

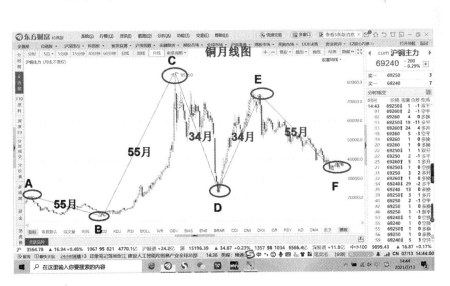

图 7-16

A 是下跌开始点，B 是下跌结束点；

C 是下跌开始点，D 是下跌结束点；

E 是下跌开始点，F 是下跌结束点；

===================

B 是上涨开始点，C 是上涨结束点；

D 是上涨开始点，E 是上涨结束点；

F 是上涨开始点。

第四节　关键空间节点

我们把整个趋势行情分为三个部分：底部、腰部、顶部。相对应有三个关键节点：最低点、中心点、最高点。

一般情况下我们很难提前预知三个关键节点，但通过结构思维方法，可以提前把三个点给找出来。

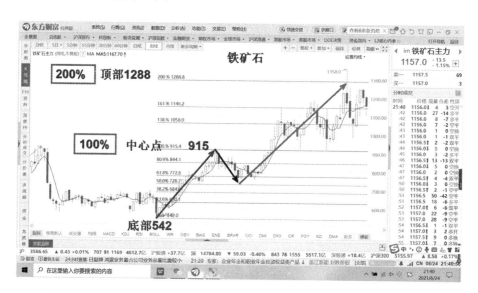

图 7-17

我们很容易看出铁矿石三个关键节点：最低点、中心点、最高点。

图 7-18

运用结构思维法很容易看出 PTA 的三个关键节点：顶部、中心点、底部。

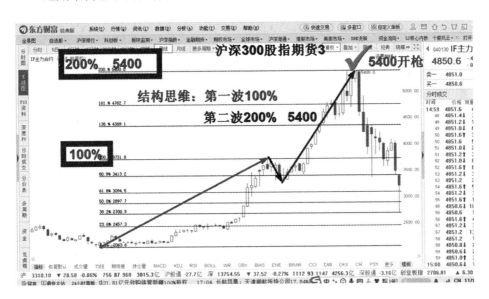

图 7-19

运用结构思维法很容易看出沪深 300 股指期货 3 的三个关键节点：顶部、中心点、底部。

图 7-20

运用结构思维法很容找到沪深 300 股指期货 4 的最低点、中心点、最高点。

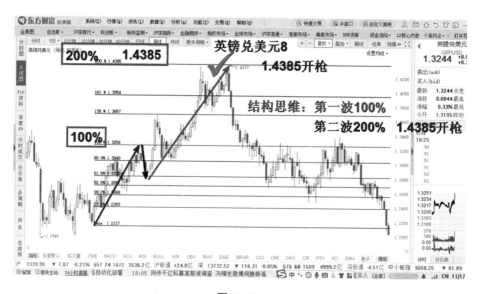

图 7-21

运用结构思维法很容找到英镑兑美元的最低点、中心点、最高点。

第五节　时空定位法

讲到时空定位法，可能比较抽象。我们的研究目的是给趋势中的某一个点，做一个时空定位。看它在时间周期里处在什么位置，在空间结构里处在什么位置。研究方法主要是画时间周期线和结构思维线，通过画线，我们给空间中的某个点的位置进行定性和定量分析，从而进行时空定位。

先讲时间定位，我们把时间周期分为上涨周期和下跌周期。上涨周期又可以进一步划分成上涨周期开始、上涨周期中间、上涨周期末端。下跌周期同样也可以分为开始、中间、末端三个部分。

举一些案例来说明。

一、螺纹钢周线

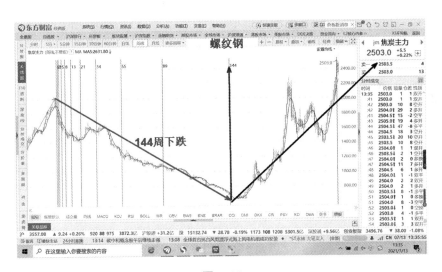

图 7-22

左边箭头代表的是下跌时间周期；

右边箭头代表的是上涨时间周期；

中间箭头代表的是变盘时间窗口。

这样一划分，就可以非常清楚地对时空中的某一个点进行时间定位，看它到底是处在上涨周期还是下跌周期里。

二、黄金周线

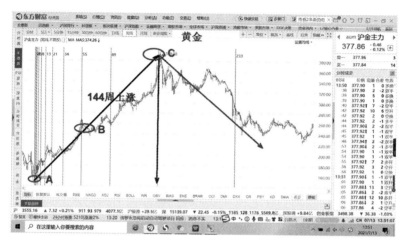

图 7-23

左边箭头代表的是上涨时间周期；

右边箭头代表的是下跌时间周期；

中间箭头代表的是变盘时间窗口。

这样一划分，就可以非常清楚地对时空中的某一个点进行时间定位。看它到底是处在上涨周期还是下跌周期里。

A 处在上涨周期开始，B 处在上涨周期的中间，C 处在上涨周期的末端。

三、PTA 周线

左边箭头代表的是下跌时间周期；

右边箭头代表的是上涨时间周期；

中间箭头代表的是变盘时间窗口。

这样一划分，就可以非常清楚地对时空中的某一个点进行时间定位。看它到底是处在上涨周期还是下跌周期里。

A 处在上涨周期开始，B 处和 C 处在上涨周期的中间，D 处在上涨周期的末端。

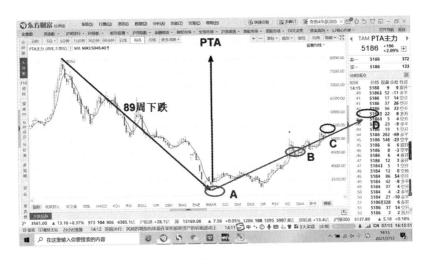

图 7-24

介绍完时间定位，我们再讲空间定位。

先举个例子：下面一只鸟在鸟笼的什么位置？

如果我们知道了笼子的最高点、中心点和最低点，我们可以给鸟做一个定位。

图 7-25

资料来源：pickupimage.com.

同样的道理知道了最低点、中心点、最高点三个时空关键节点以后，我们就可以进行空间定位了。我们可以描述空间中某个点在整个趋势行情里的位置。

四、铜周线图

点1、2、3，在趋势行情里处在什么位置呢？我们知道中心点和最低点，1、2、3处在中心点和最低点之间。

图7-26

五、原油周线图

点1、2、3在趋势行情里处在什么位置呢？

第一波上涨已经走完，回调也结束了，接下来走第二波上涨。

我们知道中心点和最低点，1、2、3处在中心点和最高点之间。

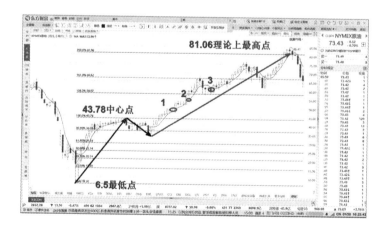

图7-27

六、玻璃周线

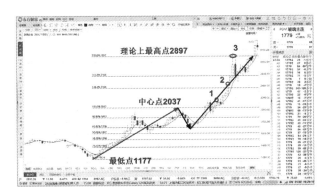

图 7-28

点 1、2、3 在趋势行情里处在什么位置呢？第一波上涨已经走完，回调也结束了，接下来走第二波上涨。

我们知道中心点和最低点，点 1、2 处在中心点和最高点之间，点 3 处在理论上最高点附近。

通过结构思维法，我们可以对空间中的某个点进行定位。我们大概知道它在趋势行情中的哪个位置。

记住，空间定位法有赖于结构思维法的精确性，有时候，结构思维法也会失灵，所以，进行空间定位时也有不准确的时候。在不准确的时候，我们要做好应对措施。

图 7-29

来源：stockvault.net.

第八章

时空导航法

多年前，我们开车没有导航，如果走到陌生地方，我们就很容易迷路。后来有了汽车导航，从此就知道前方 1680 米左转，然后直行 6666 米。

在交易中，我们也会经常迷路。如果能有一个导航就好了，在 168 元做多，然后在 666 元平仓。能不能做出这样一个导航呢？

第一节　时空定位与时空导航

学会时空定位后，我们可以知道趋势行情中的某个点，在时间周期里处在什么位置，在空间结构中处在什么位置。

先确认它在时间上是处在什么周期，是上涨周期还是下跌周期。

再确认它处在空间结构中的什么位置，是最低点、中心点，还是最高点附近，它的目标位是在哪里。

时空定位完了以后，我们就可以制定时空导航图了。

下面举几个案例说明。

一、螺纹钢

从时间上来讲：点 1、2、3 都处在上升的时间周期。

从空间上来讲，目标位就是 200% 的位置 6103。

这样我们的导航就做好了，在点 1、2、3 我们就做多，而且可以等到 6103 位置平仓。

图 8-1

二、原油

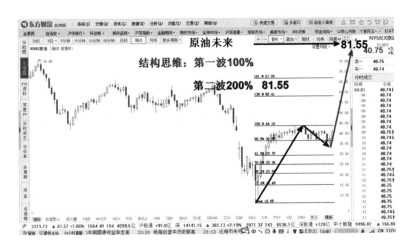

图 8-2

我们可以做一个导航。时间上：原油经过 89 周下跌以后，进入到上涨周期；空间上：原油中心点已经探明，底部和中心点都已经探明，所以最高点，我们可以计算出来，就是 200%，81.55。我们这样做单子，就有了一个导航图。当时 40.75 美元，我们就可以做多，然后等到 81.55 美元平仓。

三、铜

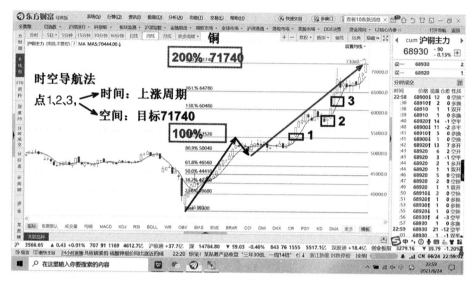

图 8-3

对于点 1、2、3 进行时空导航：

时间：经过两年下跌，进入长周期上涨；

空间：在走第二波上涨的路上，目标 200%，71740。

通过时空导航，我们做交易的方向感会更加明确，空间关键节点的把握也更加清晰、明了。

第二节　时空导航法实战运用

时空导航法，先做时间定位，然后做空间定位，最后做时空导航图。

一、英镑兑日元周线

时间定位：经过两年下跌，进入长时间的上涨周期。

图 8-4

空间定位：最低点 124；中心点 142.8；最高点 161.6（理论上）。

点 A、B、C 处在中心点和理论上最高点之间。

时空导航图：在 A、B、C 处做多，目标 161。特别是点 A，是刚刚突破中心点的位置，是不错的进场做多点。

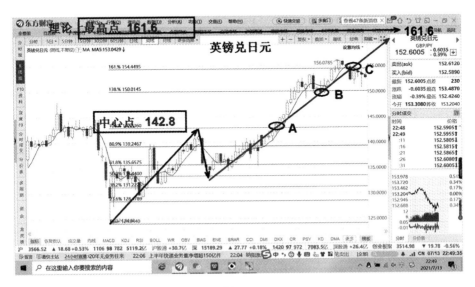

图 8-5

二、玻璃周线

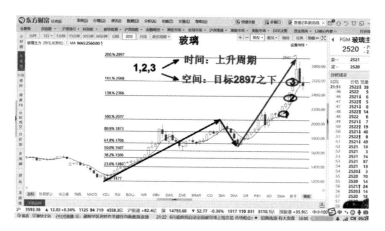

图 8-6

时间定位：玻璃经过两年的下跌，进入长周期的上涨。

空间定位：最低点 1177；中心点 2037；最高点 2897（理论上）。

点 1、2、3 处在上涨周期里，只能做多。

点 1、2、3 处在中心点和理论上最高点之间。

点 1、2、3 处做多，目标 2897。

三、锡周线

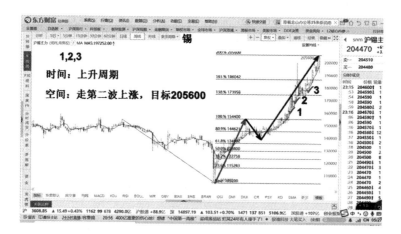

图 8-7

时间定位：经过 89 周下跌，进入长周期上涨。

空间定位：最低点 103200；中心点 154400；最高点 205600（理论上）。

点 1、2、3 处在上涨周期，做多。

点 1、2、3 处在中心点和理论上最高点之间。

点 1、2、3 处做多，目标 205600。

四、橡胶周线

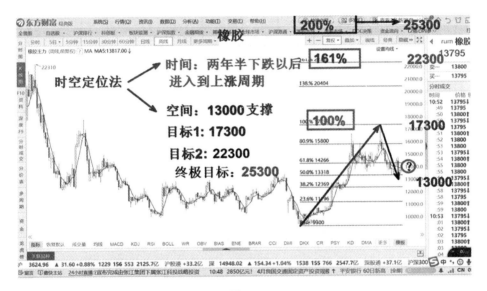

图 8-8

在实践中，我们制定时空导航。

时间定位：经过 3 年下跌，进入长周期上涨。

空间定位：最低点 9300；中心点 17300；最高点 25300（理论上）。

橡胶目前处在上涨周期，首先必须突破 100% 的位置，也即 17300，才能判断有没有第二波上涨到 25300 的可能。

第三节 时空导航法运用中要注意的问题

一定要先找到关键节点，通俗来说是最低点、中心点、最高点。即使只知道其中的两点，我们也要通过结构思维法，把另外的关键节点找出来。

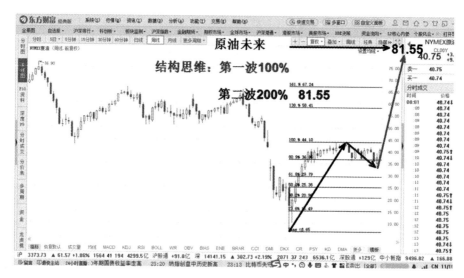

图 8-9

必须学会结构思维法，学会画线，才能提前找出最高点，并制作导航图。

再来看看玉米淀粉的行情。

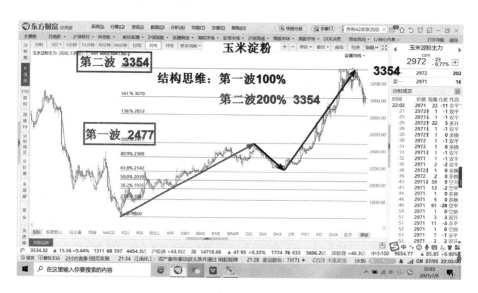

图 8-10

我们学会了画结构思维线，就可以很轻松地找到它的最高点，然后可以制作时空导航图，不用靠猜测什么时候是最高点。

学会画图非常关键，找到第三个关键节点对于我们的时空导航图制作非常重要。没有第三点，就不会有大方向指引，就没有对未来目标的清晰界定，就会不敢持仓，总担心会出错。

一、中心点对我们把握行情至关重要

中心点出现以后，我们才能据此判断有没有第二波，第二波会走到什么位置，我们在什么位置进场会比较好。

图 8-11

棉花中心点 14650，当棉花行情再次跌破 14650 时，就是非常好的进场做空点，而且一直可以持仓到 10050 的位置。

再比如铜。按照结构思维法，如果我们知道了中心点 53500，那么我们就可以在 53500 附近布局多单，然后一直持有到 71740。

二、中心点的作用

中心点对于行情的发展起到承前启后的作用，相当于最低点而言，是非常好的二次进场点。确定性非常高。

图 8-12

再看一下不锈钢。按照结构思维法，如果我们知道了中心点 15470，我们就可以在点 B 附近布局多单，然后持有到 19260。

图 8-13

点 A 是假突破，点 B 是真突破。如何区分？用时间来验证，真突破时间长，假突破就一周或两周就结束。点 B 突破时间长，是真突破。

看一下白糖。按照结构思维法，如果我们知道了中心点 5721，我们可在点 D 附近布局多单，然后持有到 7279。

图 8-14

点 A、B、C 是假突破，点 D 是真突破。如何区分？用时间验证，真突破持续时间长，假突破一周或两周就结束了。点 D 突破时间长，是真突破。

三、时空导航图也有不准的时候，注意防控风险

时空导航图不是每次都对，错的时候要注意止损。如按照时空导航铜在71700 见顶，铜涨到了 78270，我们如果在 71700 做空，要学会提前带上止损。比如，72700 止损，不要一直拿到 78700。

图 8-15

资料来源：stockvault.net.

第九章

量价关系

成交量代表着市场活跃程度，从中可以看出主力运作的蛛丝马迹。

我们的核心逻辑：量能决定高度。

第一节　成　交　量

成交量指某一时间段内具体的交易数量。它代表了市场资金的博弈情况，成交量大，说明参与交易的资金多；成交量小，说明参与交易的资金少。

成交量可以分为日线成交量、周线成交量、月线成交量。不同级别的成交量，作用不一样。我们主要研究周线的成交量，因日线成交量干扰太多，所以集中精力研究周线成交量。周线成交量更能发现主力的踪影。

第二节　一般主力

一般主力：量能明显比散户的量能要大。一般主力能够让一只股票在颈线基础上翻一倍。

我们举一些案例说明。

一、伊戈尔

伊戈尔就是一般主力的量能。

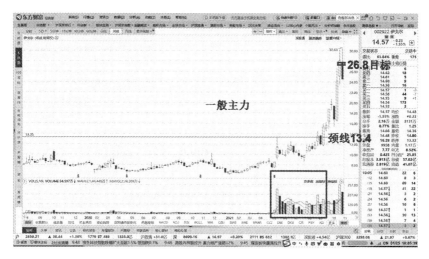

图 9-1

　　一般主力量能比散户量能大很多，正常情况下，目标就是颈线价格乘以
2，也就是 $13.4 \times 2 = 26.8$。

二、中广天择

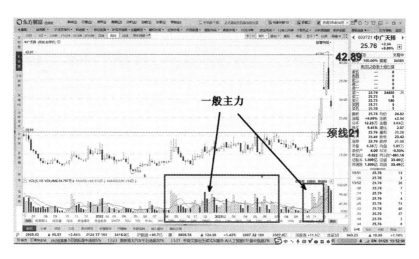

图 9-2

　　中广天择就是一般主力的量能。一般主力量能比散户量能大很多，正常
情况下，目标就是颈线价格乘以 2，也就是 $21 \times 2 = 42$。

三、中马传动

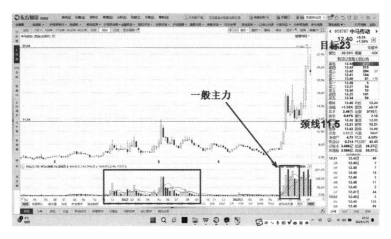

图9-3

　　中马传动就是一般主力的量能。一般主力量能比散户量能大很多，正常情况下，目标就是颈线价格乘以2，也就是 $11.5 \times 2 = 23$。

四、真视通

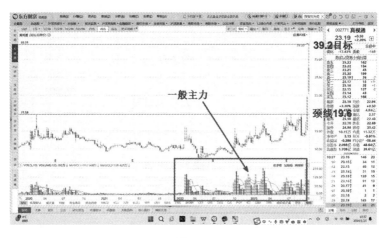

图9-4

　　真视通就是一般主力的量能。一般主力量能比散户量能大很多，正常情况下，目标就是颈线价格乘以 2，也就是 19.6×2=39.2。

五、人民网

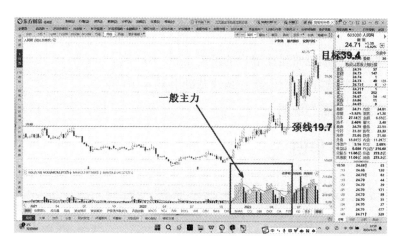

图 9-5

人民网就是一般主力的量能。一般主力量能比散户量能大很多，正常情况下，目标就是颈线价格乘以 2，也就是 19.7×2=39.4。

六、云赛智联

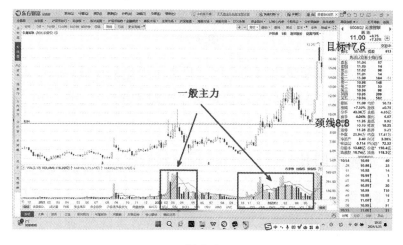

图 9-6

云赛智联就是一般主力的量能。一般主力量能比散户量能大很多，正常情况下，目标就是颈线价格乘以 2，也就是 8.8×2=17.6。

第三节 超级主力

超级主力：量能明显比散户的量能大 50~100 倍。

超级主力能够让一只股票在颈线基础上翻 4~10 倍。

我们举一些案例说明。

一、北方华创

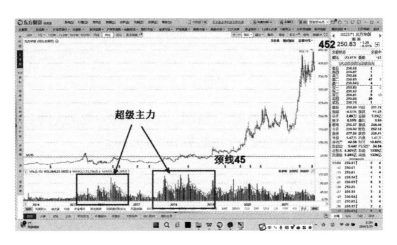

图 9-7

北方华创就是超级主力的量能。超级主力量能比散户量能大 50~100 倍，正常情况下，目标是颈线价格乘以 4 或者乘以 5、乘以 10，也就是 45×10=450。

二、融捷股份

融捷股份就是超级主力的量能。超级主力量能比散户量能大 50~100 倍，正常情况下，目标就是颈线价格乘以 4 或者乘以 5、乘以 10，也就是 35.5×5=177.5。

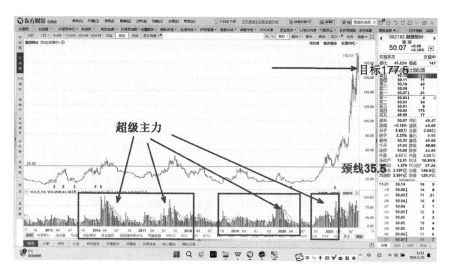

图 9-8

三、多氟多

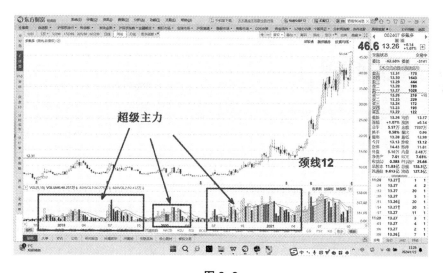

图 9-9

多氟多就是超级主力的量能。超级主力量能比散户量能大 50~100 倍，正常情况下，目标就是颈线价格乘以 4 或者乘以 5、乘以 10，也就是 12 × 4=48。

四、亿纬锂能

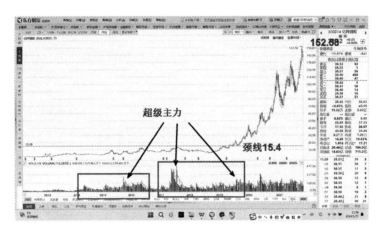

图 9-10

亿纬锂能就是超级主力的量能。超级主力量能比散户量能大 50~100
倍，正常情况下，目标就是颈线价格乘以 4 或者乘以 5、乘以 10，也就是
$15.4 \times 10=154$。

五、天齐锂业

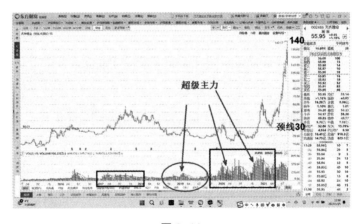

图 9-11

天齐锂业就是超级主力的量能。超级主力量能比散户量能大 50~100

倍，正常情况下，目标就是颈线价格乘以4或者乘以5、乘以10，也就是30×4=120。

六、天华新能

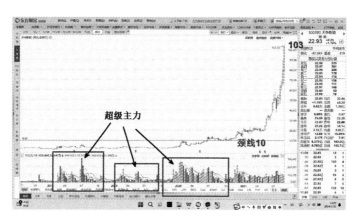

图 9-12

天齐新能就是超级主力的量能。超级主力量能比散户量能大50~100倍，正常情况下，目标就是颈线价格乘以4或者乘以5、乘以10，也就是10×10=100。

七、富临精工

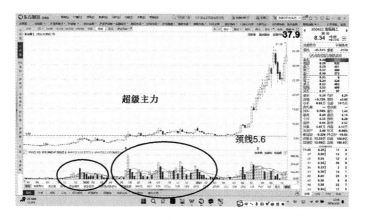

图 9-13

富临精工就是超级主力的量能。超级主力量能比散户量能大 50~100 倍，正常情况下，目标就是颈线价格乘以 4 或者乘以 5、乘以 10，也就是 $5.6 \times 7 = 39.2$。

第十章 交易心理

交易中的最高境界就是知行合一。

从学习专业知识到修炼强大内心，是成为高手的不二法门。

第一节　计　算

《孙子兵法》计篇："夫未战而庙算胜者，得算多也，未战而庙算不胜者，得算少也。多算胜，少算不胜，而况于无算乎！"

译文：未战之前就能预料取胜的，是因为筹划周密，条件充分；未开战而估计取胜把握小，是具备取胜的条件少。条件充分的，取胜就大，准备不充分的，就会失败。何况一点条件也不具备的呢！

交易的核心是盈亏比。我们做交易前要先学会计算，要先算好盈亏比。如果能做到风险小，收益大，那么就做，否则就不做这笔交易。

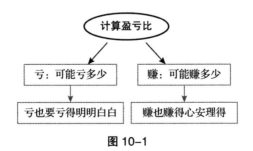

图 10-1

很多人做交易，从来都是估摸着来，也不知道什么时候止损，什么时候止盈，他的交易是一团糨糊。

真正的高手都是谋定而后动，做到心中有数。如果做不到低风险、高收益，就休息。等待良好的时机来了，经过认真反复的计算，确认可以做到低风险、高收益，才会做交易。

先计算亏。心理要有亏的准备，100万元资金，若一次交易，最多能亏多少。最多不能超过5万元，那么你下单时，仓位就不能过重。计算非常重要，把你的仓位要计算出来，把你的可能要遭受的亏损也要计算出来。不能没有计划。

再计算盈。我们要有赢的准备，一次交易，能赚多少。赢的可能性有多大，可能赚多少，要心里先计算好。如果你准备亏5万元，那么你赢就一定要赢25万元甚至50万元，高盈亏比是必须满足的。优秀的交易员都懂得亏小赚大。

任何一笔交易，都不要盲目去做，你如果不能把盈亏比先计算出来，亏，最大可能亏多少，赚，最多可能赚多少。盈亏比达到1：5以上，才能下单。否则就观望，等待时机成熟。

我们举几个案例，大家计算盈亏比。

一、棉花周线

图 10-2

时空定位：

时间：89 周下跌之后进入长上涨周期。

空间：按照结构思维法，10050 理论最低点。

时空导航：

在 10050 附近做多，300 点止损，6000 点止盈。

盈亏比 1 : 20。

二、不锈钢周线

图 10-3

时空定位：

时间：半年下跌之后进入长上涨周期。

空间：按照结构思维法，11675 理论最低点。

时空导航：

在 11675 附近做多，200 点止损，4000 点止盈。

盈亏比 1 : 20。

三、聚丙烯周线

图 10-4

时空定位：

时间：89 周下跌之后进入长周期上涨。

空间：按照结构思维法，5812 理论最低点。

时空导航：

在 5812 附近做多，100 点止损，3000 点止盈。

盈亏比 1：30。

实战早就止盈出场了。

第二节　应　对

做交易离不开预测。预测有对错之分，我们要有科学的应对措施。

正确的做法：

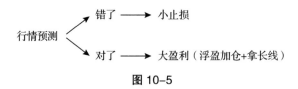

图 10-5

行情既有随机性又有确定性。我们对行情的预测，也要遵从这种规律。

对了，就是确定性，我们要赚大钱。

错了，就是随机性，我们可亏小钱。

一、铜

图 10–6

按照结构思维的方法，我们判断 35300 是底部，所以就进场做多。结果一直涨到 78000。

预测对了，就是确定性，我们要赚大钱，从 35300 到 78000，我们可以翻 10 倍以上。

预测错了，就是随机性，因为我们设好了止损，所以会亏小钱。

二、焦炭

按照结构思维方法，我们认为焦炭会跌到 969，而实际上跌到 1550 就止跌了。所以如果我们有空单，就要带好止损。

预测错了，就是随机性，所以亏小钱。

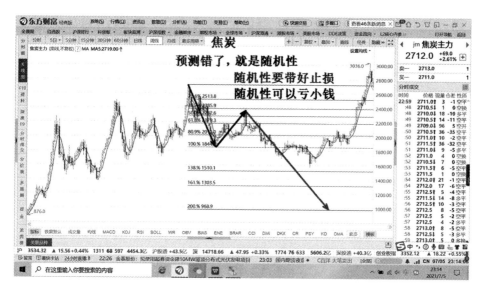

图 10-7

三、错误的做法

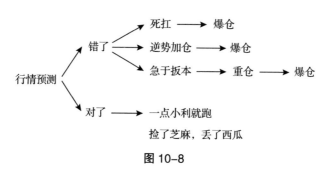

图 10-8

很多人交易方法都是错误的，该赚的钱不敢赚，该止损的舍不得止损，总是抱有侥幸心理，以为扛一扛就可以扛过去。完全在赌运气。这些做法都是极端错误的。

记住一点，在交易中始终要记住盈亏比，必须严格按照盈亏比来做。如果盈亏比达不到 1∶5，或者 1∶10，就最好不要开仓。

计算好了，看准了才出手，严格按照既定的交易计划去做，该赚的钱要敢于去赚。不能够见利润就跑，要有耐心，格局要大，才能真正成为赢家。

四、期货解盘：热点品种关键价格节点分析

1. 铁矿石

关键节点：1288。

可以尝试在 1288 轻仓试空。

1388 点附近止损，988 止盈。

盈亏比 1：3。

图 10-9

2. 玻璃

关键节点：2897。

可以尝试在 2897 轻仓试空。

3000 点附近止损，2400 止盈。

盈亏比 1：5。

科学的应对方法，抓住确定性机会，在确定性行情里赚大钱，规避随机性风险，在随机性行情里亏小钱。

科学应对做交易，核心是盈亏比，如果一个品种能够做到高盈亏比，参与的意义就很大。

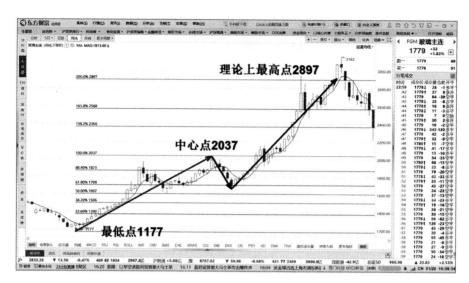

图 10-10

3. 螺纹钢

关键节点：6103。

可以尝试在 6100 轻仓试空。

6200 点附近止损，4500 止盈。

盈亏比 1：16。

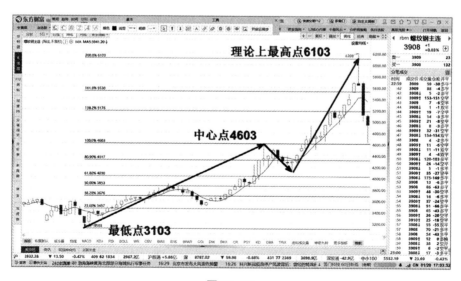

图 10-11

关键节点的把握非常重要，科学应对建立在关键节点的基础上，知道关键节点，才能制作出可以实战的时空导航图。

4. 线材

关键节点：6769。

可以尝试在 6769 轻仓试空。

6869 点附近止损，5769 止盈。

止盈，盈亏比 1∶10。

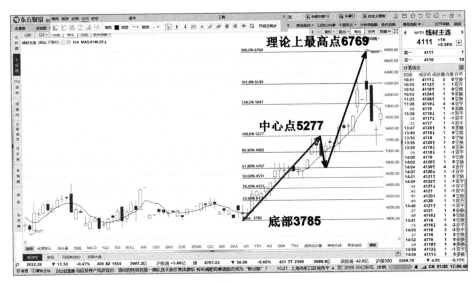

图 10-12

优秀的交易员一定要精于计算，就像精明的商人一样。

《孙子兵法》：未战而先胜，在交易之前就已经对市场行情做好了盈亏比分析计算。

5. 玉米淀粉

关键节点：3342。

可以尝试在 3342 轻仓试空。

3454 点附近止损，2954 止盈。

盈亏比 1∶5。

图 10-13

如果有可能，尽量去选择盈亏比高的品种做，这样我们的收益有可能实现最大化。通过全盘计算以后，再优中选优，选择最适合交易的品种。

6. IH

关键节点：3215。

可以尝试在 3215 轻仓试多。

3115 点附近止损，4015 止盈。

盈亏比 1：8。

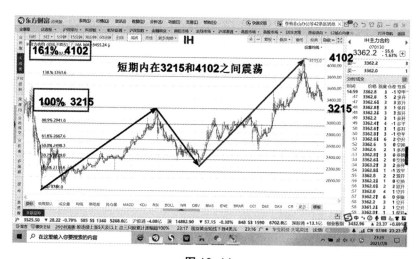

图 10-14

在实践中，对得失要看淡，有时候小亏是正常的、必要的，不去试仓，怎么知道有没有机会。

心中永远装着盈亏比，时刻想着亏小赚大。

第三节 攻 守

只知道进攻，不知道防守，在电视剧里"活"不过三集。

只知道防守，不敢去进攻，会错过很多的机会。

攻不忘守。古代士兵打仗，都是一手拿矛，一手拿盾。拿矛进攻杀敌，拿盾保护自己。我们做交易也要有矛盾思维。

很多人任何时候都是满仓、重仓，这就是典型的只知进攻，不知道防守。市场风险无处不在，我们一定要懂得保护自己的本金。不要轻易拿全部身家去赌一把、去冒险，特别是一些年轻人，很容易犯这种错误，无知者无畏，他们往往无视风险的存在，动不动就"梭哈""ALL IN"，这样做只有一个结果，就是被市场击败，输得"裤子都没得穿"。

图 10-15

资料来源：stockvault.net.

风险控制关乎生死存亡。在巴菲特的投资名言中，成功的秘诀有三条：

第一，尽量避免风险、保住本金；

第二，尽量避免风险、保住本金；

第三，坚决牢记第一、第二条。

为了保证本金安全，巴菲特总是在市场最亢奋、投资人最贪婪的时刻保持清醒的头脑而急流勇退。

巴菲特真正成功的秘诀是什么？根本不仅仅是他的选股方法和价值投资，而是对人性的超越！

巴菲特的选股方法其实很简单，就是找到低估值的高成长性的好公司。他的价值投资方法是找到好公司后，长期持有。很多人一学就会了。然而，没有多少人愿意慢慢地变得富有。

市场充满了无穷的诱惑与陷阱，对应着人的贪婪与恐惧。很多人即使选对了股票，也拿不住，总想去追求暴利，去抓涨停板，买消息股，所以频繁换股操作。

1957~2018年，61年中，巴菲特平均年化做到了21%。很多人都嘲笑巴菲特，他们随便抓两个涨停板，就可以赚20%了，巴菲特收益率太低了。一味地追求高收益。结果他们满仓去追涨停板，冒的是高风险，更要命的是他还不知道防守，不知道保住本金，所以经常"被割韭菜"。

巴菲特的工作、生活方式是区别于绝大部分投资者的，而恰恰是这些，让他超越了人性的贪婪与恐惧。他在华尔街没有办公室，平常也不去华尔街，而是生活在一个小镇上，办公室里没有行情终端机，他从伯克希尔公司每年领的工资只有10万美元。

一个人，如果连简单物欲都超越不了，又如何去克服市场中被N倍放大的人性弱点呢？

大师，往往不是在细枝末节上超越众人，而是在根本人性上超越了众生！

巴菲特的心态可不是一般的好，先不说人家远离尘嚣、清心寡欲的生活态度了。就操作来说，股神巴菲特一只股票能拿十几年，你拿得住吗？这可不仅仅是什么信心的问题。股票跌一个20%，估计你已经吓得受不了要出了，更别说10年后了。

投资是为了赚更多的钱，为了让身边的人过得更好。没有谁的钱是大风刮来的，路上白捡的，所以千万要记住巴菲特的话，时刻带着防守，保住本金，保住本金，保住本金。记住：乌龟之所以长寿，就是因为它任何时候都带着防守。

图 10—16

资料来源：pexels.com.

第四节　得　失

人生苦短不必遗憾，得失随缘，心无增减，都会过去的。

今生之苦，皆因前世的孽障。修行，让心灵皈依宁静。今日之痛，源于昨日的放纵；今生之苦，皆因前世的孽障。

于心头置一善念，让所有的哀怨融化在感恩的心中。忘不了的，不必刻意忘；放不下的，不要急着放。

于心中默默为那些不好的经历超度，它们的解脱，就是你的解脱。修行，用今日的坚强，救赎曾经迷失的自己。

佛说：眼前的一切都是我们过去种因所结下的果。得到了是你该得到的，用不着得意。失去了是你该失去的，用不着懊恼。得失是缘，何不淡定从容。得失随缘，心无增减，喜风不动，定在慈悲，自然吉祥如意。

无论好坏，都会过去。想得开，再灰暗的事也有光明；想不通，再美好的事也有阴暗。世间万物，相依相存，阴阳相对。有了绿叶的陪衬，才有了红花的艳丽。人活一辈子，无论走了多少路，终归只有一条路，却分无数路段。平坦的路段，心中多是美好；坎坷的路段，心中多是晦暗。你该明白，无论哪个路段，总有过去的时候。

我们做交易也要看淡得失。用平常心去做交易。

趋势中有震荡 === 考验我们的耐心。

震荡中诞生趋势 === 蓄势待发。

很多人不喜欢震荡，只喜欢做单边趋势行情。世事岂能都如意，凡事只求半称心。所谓理想行情，在现实中往往都会有折扣和偏差。如果一段行情是 100 分，能拿到 80 分，就已经是可以接受的。

震荡有时候只是在蓄势，我们要做那个耐心守候的人。正如钓鱼人在等待鱼儿上钩。

第五节　知行合一

知行合一，是由明朝思想家王守仁提出来的，即认识事物的道理与实行其事是密不可分的。知指内心的觉知，对事物的认识；行指人的实际行为。知与行的合一，既不是以知来吞并行，认为知便是行，也不是以行来吞并知，认为行便是知，而是内有良知则外有良行，如果没有致良知，就不会实际的善行。它是中国古代哲学中认识论和实践论的命题，主要是关于认知实践方面的。

中国古代哲学家认为，人的外在行为受内在意识支配，由衷向善（"知"）的人，才有外在自发的善行，所以说知行合一。知行合一，致良知，是阳明文化的核心。

知中有行，行中有知。王守仁认为知行是一回事，不能分为"两截"。"知行原是两个字，说一个工夫"。从道德教育上看，王守仁极力反对道德教育上的知行脱节及"知而不行"，突出地把一切道德归之于个体的自觉行动，这是有积极意义的。因为从道德教育上看，道德意识离不开道德行为，道德行为也离不开道德意识。二者互为表里，不可分离。知必然要表现为行，不行不能算真知。道德认识和道德意识必然表现为道德行为，如果不去行动，不能算是真知。王守仁认为：良知，无不行，而自觉的行，也就是知。这无疑是有其深刻道理的。

以知为行，知决定行。王守仁说："知是行的主意，行是知的工夫；知是行之始，行是知之成。"意思是说，道德是人行为的指导思想，按照道德的要求去行动是达到"良知"的工夫。在道德指导下产生的意念活动是行为的开始，符合道德规范要求的行为是"良知"的完成。

在我看来，知行合一，就是三个公式。

不知道 + 乱行动 =0。

知道 + 不行动 =0。

知道 + 行动 =100。

知道和行动之间还是有着一个巨大的鸿沟。

举个例子，如原油的案例。

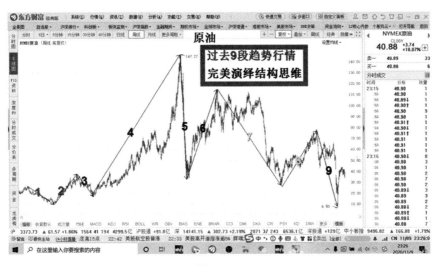

图 10-17

原油周线图。按照结构思维的方法，原油过往连续的 9 段行情，我们都能把它的顶或者底找出来，从而指导我们的交易。

按照结构思维的方法，我们可以在 8.68 的时候做多原油。

为什么要在 8.68 做多原油，因为前面连续 8 次原油的趋势行情，按照结构思维的方法，都成功地找到了它的顶和底，现在是第 9 次，按照大概率思维方法，原油在 8.68 见底的可能性非常大。所以很快就会触底反弹，一路上涨。

原油8
结构思维：第一波100%
第二波200%　8.68开枪
100%
200%　8.68
8.68开枪
NYMEX原油
40.74

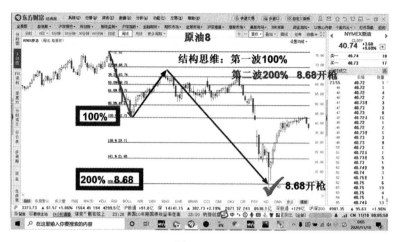

图 10–18

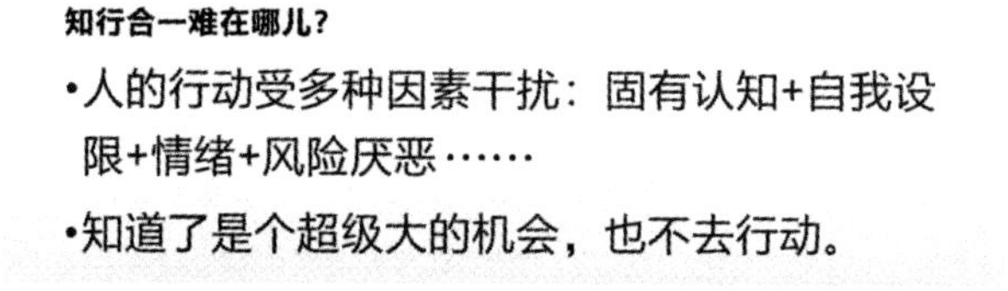
知行合一难在哪儿？
•人的行动受多种因素干扰：固有认知+自我设限+情绪+风险厌恶……
•知道了是个超级大的机会，也不去行动。

图 10–19

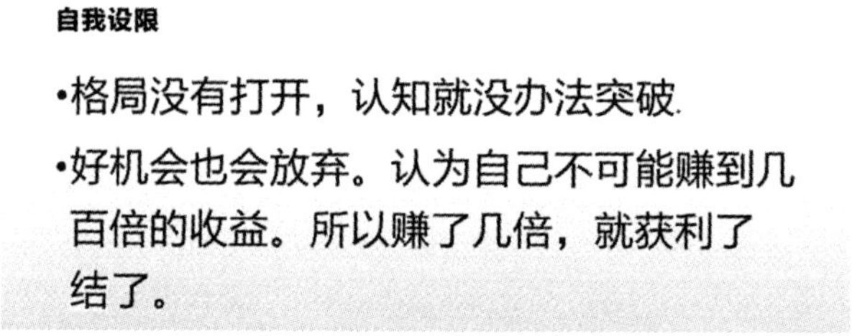
自我设限
•格局没有打开，认知就没办法突破
•好机会也会放弃。认为自己不可能赚到几百倍的收益。所以赚了几倍，就获利了结了。

图 10–20

在这里，笔者要说，做交易，一定要有开阔的视野和宏大的格局，否则，即使给你一个能赚几百倍的机会，你也只能赚一倍。

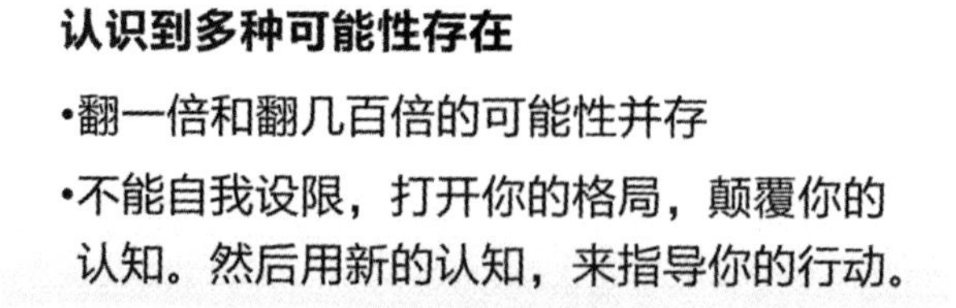
认识到多种可能性存在
•翻一倍和翻几百倍的可能性并存
•不能自我设限，打开你的格局，颠覆你的认知。然后用新的认知，来指导你的行动。

图 10–21

西蒙斯的大奖章基金，1988~2018 年，平均年化为 39%，30 年翻 19518 倍。

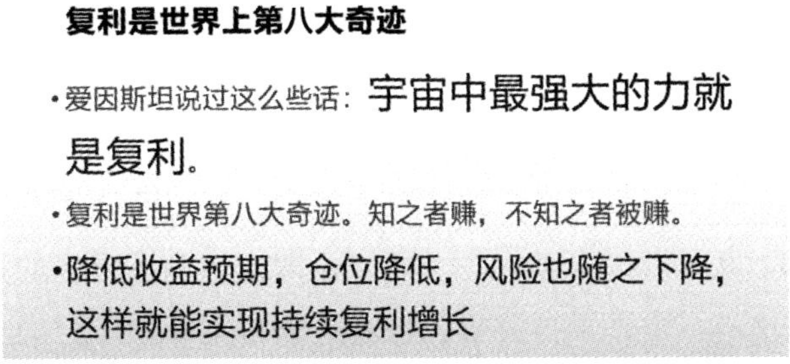

复利是世界上第八大奇迹

· 爱因斯坦说过这么些话：**宇宙中最强大的力就是复利。**

· 复利是世界第八大奇迹。知之者赚，不知之者被赚。

· 降低收益预期，仓位降低，风险也随之下降，这样就能实现持续复利增长

图 10-22

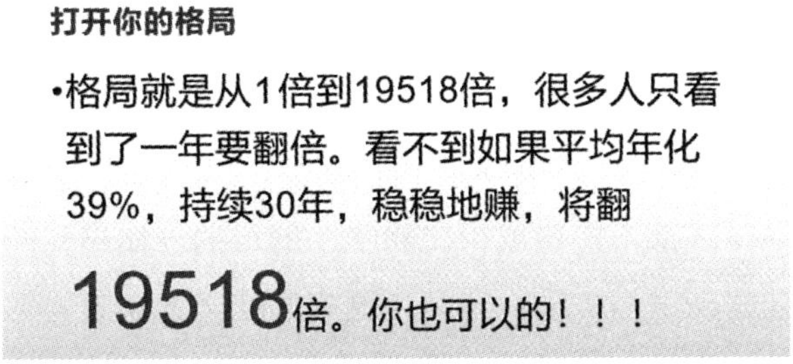

打开你的格局

· 格局就是从1倍到19518倍，很多人只看到了一年要翻倍。看不到如果平均年化 39%，持续30年，稳稳地赚，将翻 **19518**倍。你也可以的！！！

图 10-23

所以，笔者希望大家不但要知道，而且要付诸行动。打开你的交易格局，看到赚 100 倍、1000 倍、10000 倍的可能性，并且付诸实践，而不是捡了芝麻，丢了西瓜。

第六节　厚德载物

《周易》："地势坤，君子以厚德载物。"意思是君子的品德应如大地般厚实可以承载万物。载是承载、承受，解作能承受得起的意思。物是物质、事物，解作所享受的、所拥有的物质和荣耀等。德是功德、得到的意思。

厚德载物整句话解作：只有行善积累厚厚的功德，才能承受得起你今天所拥有的所享受物质和精神文明。享受得多、拥有得多，则需要更多的积功累德。否则只怕是德（得）不配位，早晚遭殃。

厚德载物，作为中华民族的精神和优良传统是十分重要的。一个有道德

的人，应当像大地那样宽广厚实，像大地那样承载万物和生长万物。

爱出者爱返，福往者福来。如果大家都怀着利他之心，服务他人，回报社会，那么社会也会让你成就一番自己的辉煌。

期货是零和游戏，有人赢钱，就有人输钱。我们要知道，赚到的钱有可能是带着原罪。你赚得越多，原罪可能越大。有可能间接地导致输的那一方倾家荡产，妻离子散，家破人亡。所以，即使你赚了再多的钱，也没有什么了不起的。这不一定就是件好事，也有可能带来非常不好的结果。众生轮回，因果循环。

量化投资之父西蒙斯创立文艺复兴科技公司，狂赚了几百亿美元，但两个儿子年纪轻轻相继离世以后，大彻大悟。他赚的这些钱，可能都是有原罪的，有可能间接导致很多人结局非常悲惨。从此他不再过问公司事务，把全部精力用来做慈善事业，帮助他人，回报社会。

赚钱和赚多少钱都不应该成为交易唯一的目的。如果我们能够让身边的亲人朋友开心快乐，幸福美满，甚至让更多的社会大众因为你得到救助，免于灾祸，免于痛苦，这才是真正的成功。

回过头想想，有多少人最后念到的是你的好。笔者希望所有的学员都能够把这一节的内容，认真地消化吸收。有可能你们学习了本书的方法以后，赚到很多的钱。请你记住：厚德载物，你的德行决定了你将来拥有多少福报。如果你赚了钱以后，为富不仁，肆意挥霍，花天酒地，那么很有可能会给你带来非常不好的结果，不要怪老师没有提醒你。

第十一章

八大涨停战法

根据笔者多年的交易经验，总结出了八大涨停战法，这些战法的出发点都是希望找到翻倍票。

第一节　主流热点战法

一、定义

主流热点是市场情绪的共振，大家一致看好的板块就是主流热点。主流热点一般会持续比较长时间，板块个股涨幅比较大，比如锂电概念、新冠概念、人工智能等。

锂电走出了很多5倍股：天齐锂业、亿纬锂能、盛新锂能、中矿资源、北方华创、天华新能、恩捷股份、永太科技、多氟多。

新冠走出了很多5倍股：九安医疗、热景生物、精华制药、雅本化学、中国医药、振德医疗、道恩股份、英科医疗、联创股份。

人工智能走出了很多5倍股：鸿博股份、剑桥科技、联特科技、佰维存储、昆仑万维、金桥信息、人民网、万兴科技、海天瑞声。

二、特点

主流热点特点一：一般来讲，主流热点持续的时间长，有可能3个月，也可能3年，如锂电概念，持续时间就长达2~3年。有的热点持续2~3个月，如2023年影视文化传媒板块。

主流热点特点二：一般而言，主流热点是整个板块一起涨。通常主流热点刚刚启动时，有 15 只以上涨停板。

三、主流热点如何判断，如何筛选主流热点的龙一

如何判断主流热点？我们要找到某一个板块，同一天有 15 只以上的涨停板，而且是第一次出现这种集体涨停板的情况。那么，我们就认为这个板块是未来的主流热点。

如何筛选主流热点龙一？我们有两个标准：

第一个标准：上涨速度：越快越好，一字板最好，秒板也比较好。

第二个标准：上涨幅度：20cm 优于 10cm。

四、案例说明

1. 人工智能

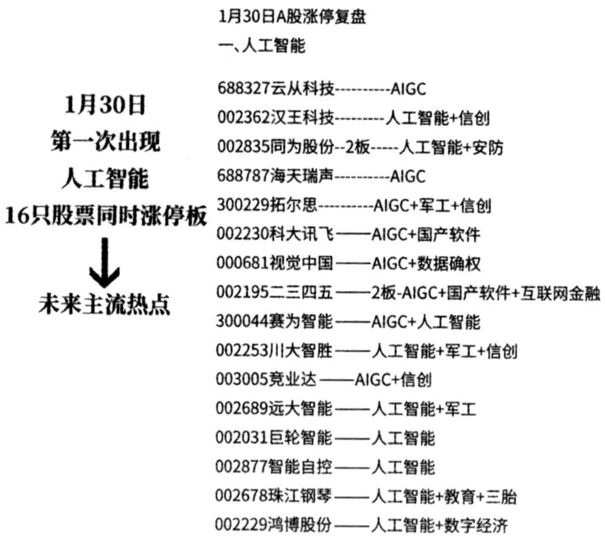

1月30日A股涨停复盘

一、人工智能

1月30日
第一次出现
人工智能
16只股票同时涨停板
↓
未来主流热点

688327云从科技----------AIGC
002362汉王科技----------人工智能+信创
002835同为股份--2板-----人工智能+安防
688787海天瑞声----------AIGC
300229拓尔思----------AIGC+军工+信创
002230科大讯飞——AIGC+国产软件
000681视觉中国——AIGC+数据确权
002195二三四五——2板-AIGC+国产软件+互联网金融
300044赛为智能——AIGC+人工智能
002253川大智胜——人工智能+军工+信创
003005竞业达——AIGC+信创
002689远大智能——人工智能+军工
002031巨轮智能——人工智能
002877智能自控——人工智能
002678珠江钢琴——人工智能+教育+三胎
002229鸿博股份——人工智能+数字经济

图 11-1

2023 年 1 月 30 日，人工智能板块有 16 只涨停板，我们认为从 1 月 30 日开始，人工智能将成为下一阶段的主流热点。

那么谁是主流热点的龙一？

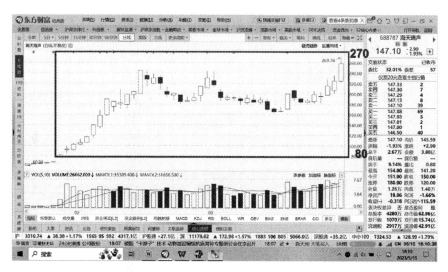

图 11-2

海天瑞声是龙一。从上涨速度讲，它是一字板，是最快的。从上涨幅度来讲，它是 20cm 涨停板，涨幅是最大的。所以海天瑞声是人工智能的龙一。第二天买进去，80 元涨到 270 元，2 个月 3 倍。

2. 影视传媒板块

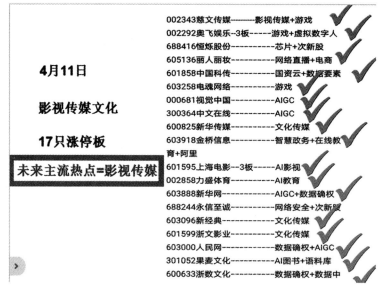

图 11-3

2023年4月11日，影视传媒板块有17只涨停板，我们认为从4月11日开始，影视传媒将成为下一阶段的主流热点。

那么谁是主流热点的龙一？

中国科传是龙一。从上涨速度讲，它是连续4个涨停板，是最快的。从上涨幅度来讲，它是连续涨停板，涨幅是最大的。第二天买进，16元涨到50.7元。

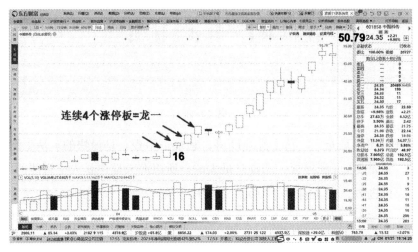

图11-4

3. 机器人板块

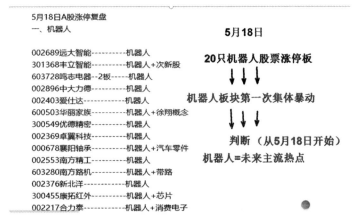

图11-5

2023 年 5 月 18 日，机器人板块有 20 只涨停板，我们认为从 5 月 18 日开始，人工智能将成为下一阶段的主流热点。

那么谁是主流热点的龙一？

丰立智能是龙一。从上涨速度来讲，它是秒板，是最快的。（什么是秒板？9 点 15 分可以买进，9 点 30 分就涨停板了）从上涨幅度讲，它是 20cm 涨停板，涨幅是最大的。所以丰立智能是人工智能的龙一。第二天买进，30 元涨到 72 元，一个星期翻倍。

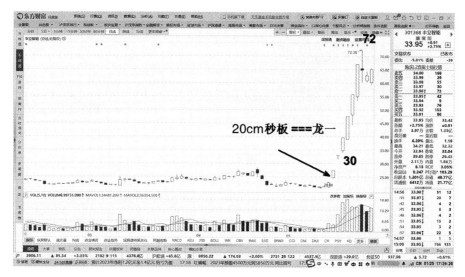

图 11-6

4. 华为手机概念

2023 年 8 月 30 日，华为手机概念有 20 只涨停板，我们认为从 8 月 30 日开始，华为手机概念将成为下一阶段的主流热点。

那么谁是主流热点的龙一？

捷荣技术是华为手机概念龙一。从上涨速度来讲，它是连续一字板，是上涨速度最快的。从上涨幅度讲，它是连续涨停板，涨幅是最大的。所以捷荣技术是华为手机概念的龙一。第二天买进，13 元涨到 52 元，一个月翻 4 倍。

二、华为产业链

002855捷荣技术----------华为+消费电子
688191智洋创新--2板-----中报增长+机器视觉+华为
300514友讯达----------中报增长+传感器+5G
600753庚星股份--2板----芯片
688135利扬芯片----------芯片+卫星导航
600877电科芯片----------芯片+卫星导航
301128强瑞技术----------华为+服务器
002261拓维信息----------华为+服务器
002077大港股份----------芯片
000670盈方微----------芯片
603131上海沪工----------机器人+卫星导航
300097智云股份----------华为+OLED
688035德邦科技----------封装材料+华为
688602康鹏科技----------光刻胶+次新股
002587奥拓电子----------机器人+华为
001270铖昌科技----------卫星导航+5G
002222福晶科技----------华为+晶体元件
603256宏和科技----------玻璃纤维+5G+华为
002362汉王科技----------人工智能+华为
300231银信科技----------数据要素+华为

8月30日

20只华为概念股票 **涨停板**

↓↓↓

第一次集体暴动

↓↓↓

判断

华为概念＝未来主流热点

图 11-7

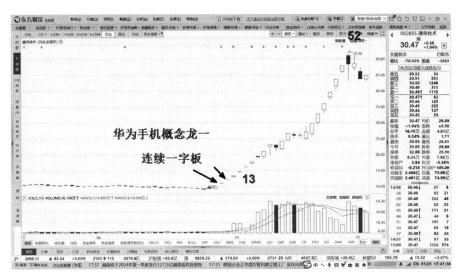

图 11-8

5. 华为汽车概念

2023 年 10 月 9 日，华为汽车概念有 30 只涨停板，我们认为从 10 月 9

10月9日A股涨停复盘

华为汽车 **10月9日** **30只涨停板**

第一次集体

华为汽车

603178圣龙股份--2板-----汽车零件
002922伊戈尔-----------液冷超充+华为
300351永贵电器----------液冷超充+华为
002514宝馨科技----------液冷超充+华为
601127赛力斯----2板-----华为汽车
605333沪光股份----------汽车电子
603286日盈电子--2板-----新型工业化+汽车电子
001319铭科精技----------一体化压铸+华为
603266天龙股份----------汽车零件
605128上海沿浦----------汽车零件+华为
300444双杰电气----------液冷超充+华为
301225恒勃股份--2板-----汽车零件+华为+次新股
603655朗博科技----------汽车零件
002953日丰股份----------液冷超充+华为
603768常青股份----------一体化压铸
002015协鑫能科----------液冷超充+华为
603348文灿股份----------一体化压铸
600418江淮汽车----------整车+华为
603161科华控股----------汽车零件+华为
001282三联锻造----------汽车零件+华为+次新股
300713英可瑞-----------液冷超充+华为
002536飞龙股份----------液冷超充+华为
605151西上海-----------汽车零件+华为
301307美利信-----------一体化压铸+华为
605068明新旭腾----------汽车零件+华为
002885京泉华-----------液冷超充+华为
002906华阳集团----------汽车电子+华为

图 11-9

日开始，华为汽车概念将成为下一阶段的主流热点。

那么谁是主流热点的龙一？

圣龙股份是华为汽车概念龙一。从上涨速度讲，它是连续一字板，是上涨速度最快的。从上涨幅度讲，它是连续涨停板，涨幅是最大的。所以圣龙股份是华为汽车概念的龙一。第二天买进，15 元涨到 55.5 元，一个月翻 3.6 倍。

通过对人工智能、机器人、华为手机、华为汽车板块的案例分析，我们要聚焦主流热点，只有抓住主流热点，我们才能取得非常好的回报。

主流热点的涨停板个股有 15 只以上，我们要有能力筛选出谁是龙一，

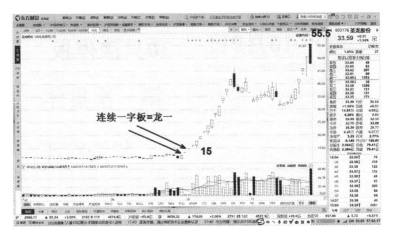

图 11-10

不能眉毛胡子一把抓。

通过我们的两个标准，即上涨速度和上涨幅度，我们就可以筛选出谁是龙一。我们买龙一，会有什么结果？

聚焦主流热点，聚焦主流热点（龙一）

- 人工智能龙一：海天瑞声　　两个月翻3倍
- 影视传媒龙一：中国科传　　一个月翻3倍
- 机器人龙一：丰立智能　　六天翻倍
- 华为手机龙一：捷荣技术　　30天翻4倍
- 华为汽车龙一：圣龙股份　　连续14个涨停板

图 11-11

第二节　起爆点战法

起爆点战法：源自于周线缩量战法，直接预示着主升浪的来临。一般情况下上涨时间周期非常短（3~5周），累计涨幅大，80%~800%。

起爆点战法的三个必要条件：

（1）必须在底部；

（2）前放后缩，前面必须放量，后面必须缩量；

（3）一周涨幅20%以上。

我们来看一些具体案例。

一、引力传媒

图 11-12

引力传媒：同时满足起爆点的三个条件，在底部区域，前面明显放量，有主力建仓，后面是缩量大涨20%。所以是起爆点战法的票，在10元附近买进，3周翻1.5倍。

二、中通客车

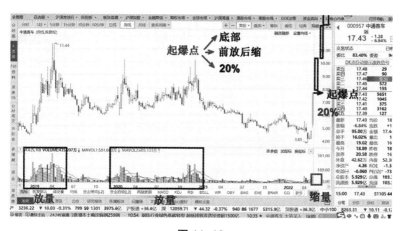

图 11-13

中通客车：同时满足起爆点的三个条件，在底部区域，前面明显放量，有主力建仓，后面是缩量大涨 20%。所以是起爆点战法的票，在 8.36 元附近买进，5 周翻 1.7 倍。

图 11-14

三、江苏雷利

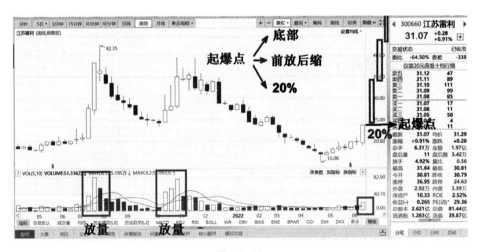

图 11-15

江苏雷利：同时满足起爆点的三个条件，在底部区域，前面明显放量，有主力建仓，后面是缩量大涨 20%。所以是起爆点战法的票，在 24.4 元附近买进，3 周上涨 90%。

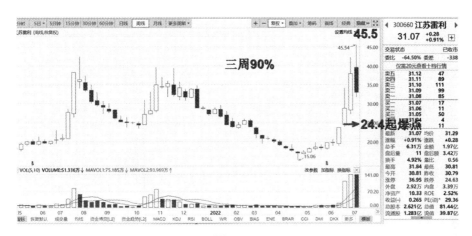

图 11-16

四、传艺科技

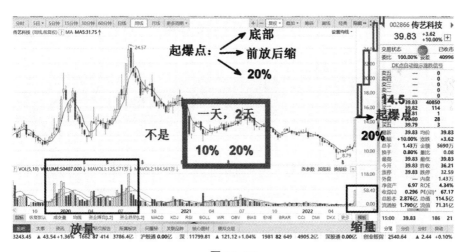

图 11-17

传艺科技：同时满足起爆点的三个条件，在底部区域，前面明显放量，有主力建仓，后面是缩量大涨 20%。所以是起爆点战法的票，在 14.5 元附近买进，11 周上涨 3 倍。

图 11-18

五、中文在线

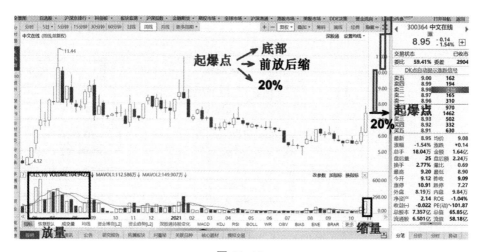

图 11-19

中文在线：同时满足起爆点的三个条件，在底部区域，前面明显放量，有主力建仓，后面是缩量大涨 20%。所以是起爆点战法的票，在 7.2 元附近买进，6 周上涨 1.8 倍。

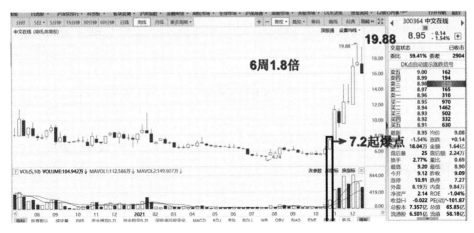

图 11-20

六、科信技术

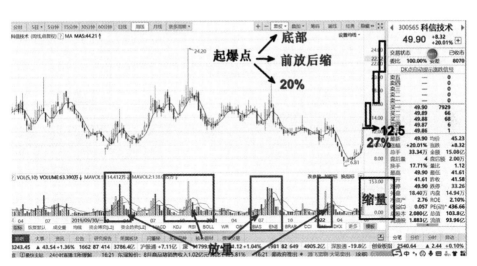

图 11-21

科信技术：同时满足起爆点的三个条件，在底部区域，前面明显放量，有主力建仓，后面是缩量大涨 20%。所以是起爆点战法的票，在 12.5 元附近买进，8 周上涨近 5 倍。

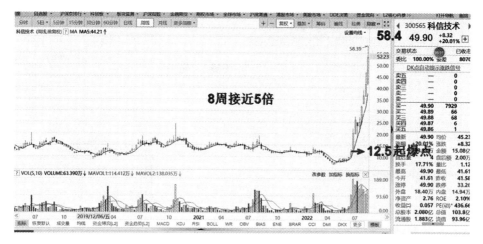

图 11-22

七、九安医疗

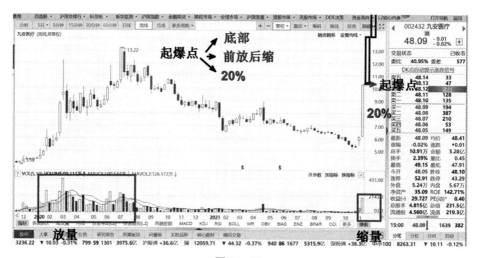

图 11-23

九安医疗：同时满足起爆点的三个条件，在底部区域，前面明显放量，有主力建仓，后面是缩量大涨 20%。所以是起爆点战法的票，在 11.3 元附近买进，9 周上涨近 8 倍。

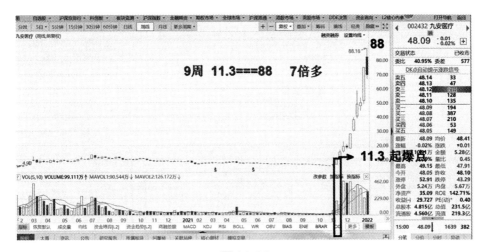

图 11-24

八、中国医药

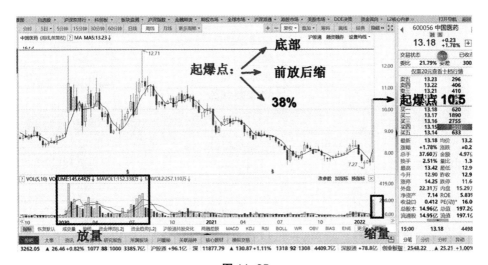

图 11-25

中国医药：同时满足起爆点的三个条件，在底部区域，前面明显放量，有主力建仓，后面是缩量大涨 20%。所以是起爆点战法的票，在 10.5 元附近买进，4 周上涨 3 倍。

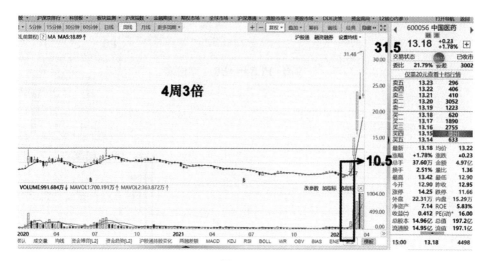

图 11-26

九、捷荣技术

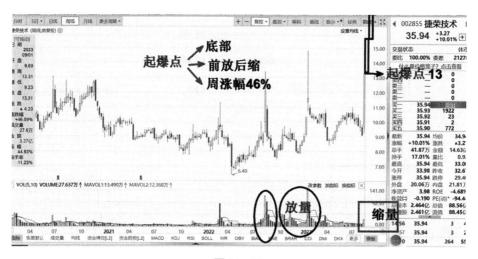

图 11-27

捷荣技术：同时满足起爆点的三个条件，在底部区域，前面明显放量，有主力建仓，后面是缩量大涨 46%。所以是起爆点战法的票，在 13 元附近买进，4 周上涨 4 倍。

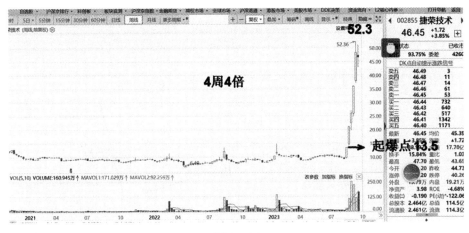

图 11-28

第三节 主升浪战法

一、主力操作股票三步曲

（一）第一步：放量建仓

建仓时，主力一般都是分批进行，股价涨幅不大，但周线成交量非常大。

为什么周线成交量大，因为主力资金体量大，动不动就是 1 亿元起，所以在周线成交量上可以发现主力进场的足迹。

（二）第二步：缩量洗盘

主力建仓完毕，会有几周的洗盘动作。这时候主力要把散户清洗出来。洗盘时，股票是缩量下跌的。散户受不了下跌，就卖出了。

（三）第三步：拉主升浪

在拉升的初期，成交量温和放大。股价开始爆发。这时候往往是主升浪。股价涨幅会非常大，有的股票会翻倍。特别是在突破颈线之后，股价就像火箭发射一样，呈 80 度角往上涨。股价涨幅非常大。

（四）案例

1. 红日药业

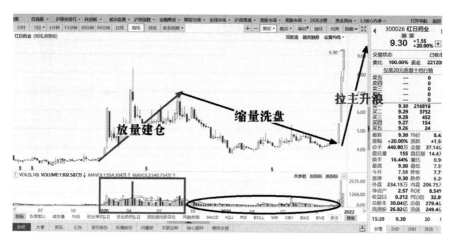

图 11-29

我们可以看到建仓时候明显放量，洗盘时候明显缩量，接下来拉主升浪也是明显放量。

2. 蓝色光标

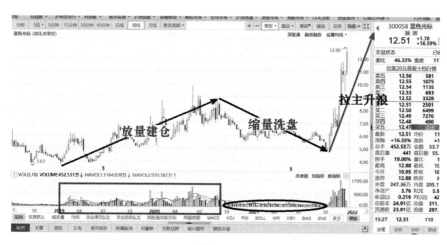

图 11-30

我们可以看到建仓时候明显放量，洗盘时候明显缩量，接下来拉主升浪也是明显放量。

3. 雅本化学

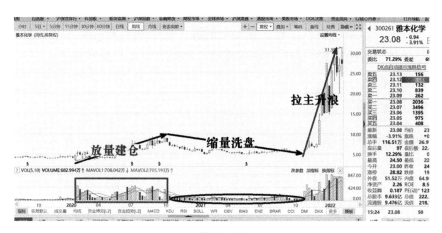

图 11-31

我们可以看到建仓时候明显放量，洗盘时候明显缩量，接下来拉主升浪也是明显放量。

4. 华明装备

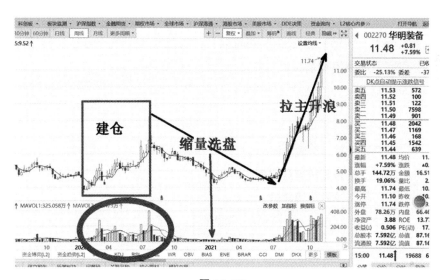

图 11-32

我们可以看到建仓时候明显放量，洗盘时候明显缩量，接下来拉主升浪也是明显放量。

二、主升浪的股票如何买卖

当主力在洗盘的时候，成交量缩到极致，就形成了无人区。当出现无人区第一个涨停板的时候，往往意味着洗盘已经结束，主升浪开始了。

（一）案例

1. 巨轮智能

图 11-33

当出现无人区第一个涨停板的时候，主力已经洗盘洗干净了，接下来开始走主升浪，走翻倍行情。

2. 传艺科技

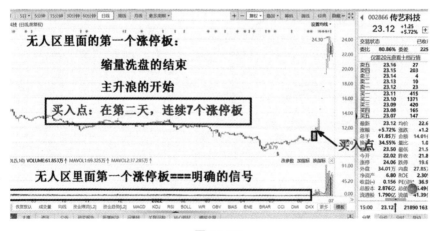

图 11-34

当出现无人区第一个涨停板的时候，主力已经洗盘洗干净了，接下来开始走主升浪，走翻倍行情。

主升浪的买点：无人区第一个涨停板第二天买入。

主升浪的卖点：颈线价格×2。

（二）案例

1. 中国医药

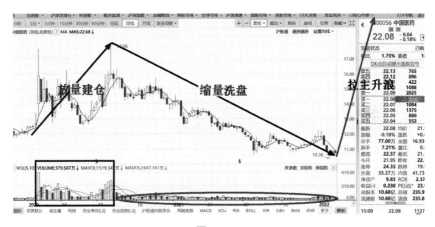

图 11-35

中国医药有非常标准的放量建仓过程和缩量洗盘过程。接下来是拉主升浪的过程。

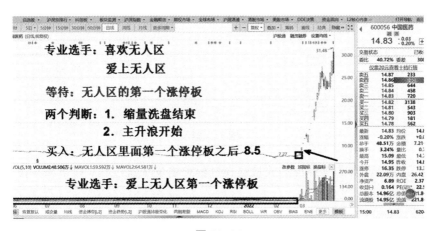

图 11-36

主升浪的买点：无人区第一个涨停板第二天买入，也就是 8.5 元。

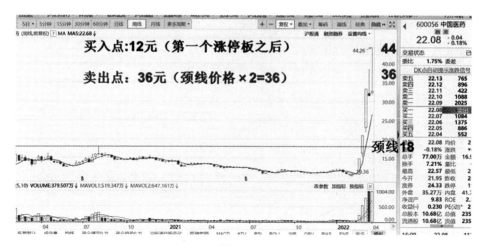

图 11-37

主升浪卖点 = 颈线价格 ×2=18×2=36 元。

2. 新华制药

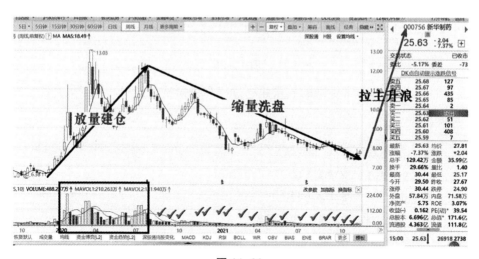

图 11-38

新华制药有非常标准的放量建仓过程和缩量洗盘过程。接下来是拉主升浪的过程。

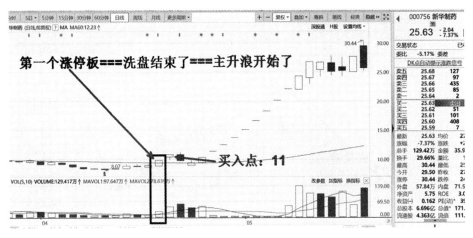

图 11-39

主升浪的买点：无人区第一个涨停板第二天买入，也就是 11 元。

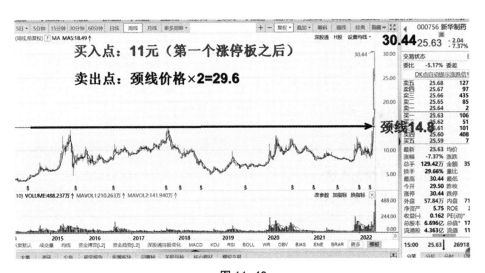

图 11-40

主升浪卖点 = 颈线价格 × 2=14.8 × 2=29.6 元。

3. 陕西金叶

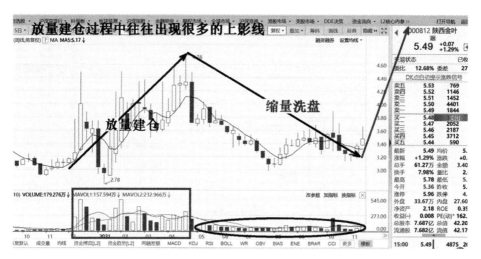

图 11-41

陕西金叶有非常标准的放量建仓过程和缩量洗盘过程。在建仓的过程中，还出现了很多上影线。为什么有这么多的上影线？原来主力在建仓的过程中，为了拿到更便宜的筹码，边建仓，边往下砸，就会"打出"很多上影线出来。主力建仓和洗盘结束以后，接下来是拉主升浪的过程。

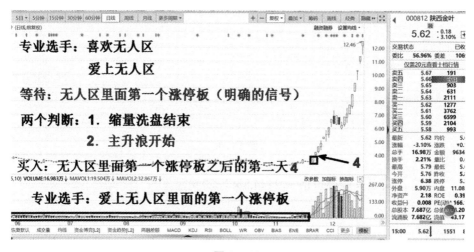

图 11-42

主升浪的买点：无人区第一个涨停板第二天买入，也就是 4 元。

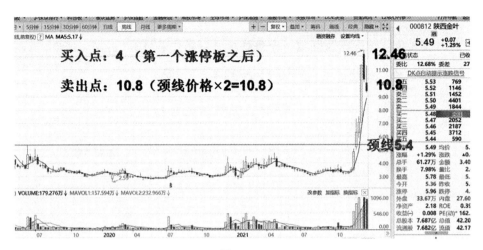

图 11-43

主升浪卖点 = 颈线价格 ×2=5.4×2=10.8 元。

4. 特力 A

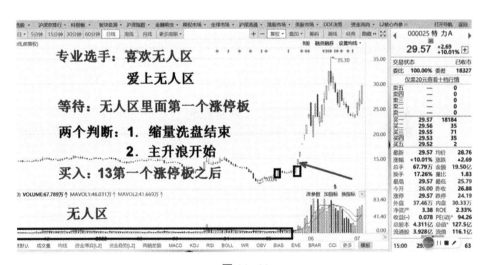

图 11-44

主升浪的买点：无人区第一个涨停板第二天买入，也就是 13 元。

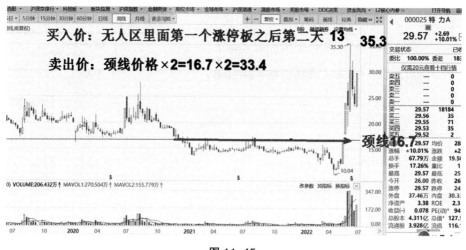

图 11-45

主升浪卖点 = 颈线价格 ×2=16.7×2=33.4 元。

5. 传艺科技

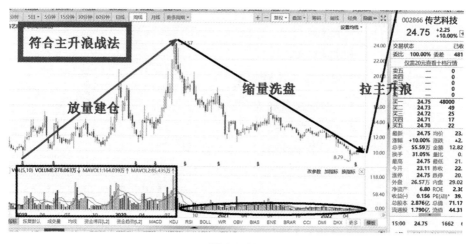

图 11-46

传艺科技有非常标准的放量建仓过程和缩量洗盘过程。接下来是拉主升浪的过程。

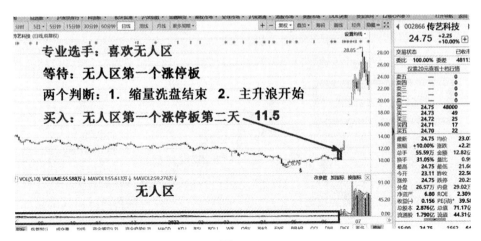

图 11-47

主升浪的买点：无人区第一个涨停板第二天买入，也就是 11.5 元。

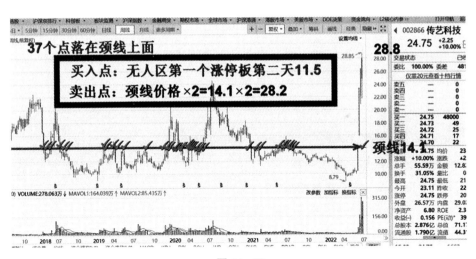

图 11-48

主升浪卖点 = 颈线价格 ×2=14.1×2=28.2 元。

6. 合力科技

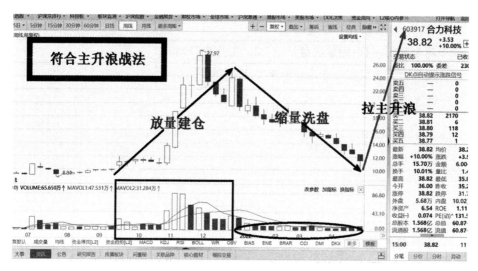

图 11-49

合力科技有非常标准的放量建仓过程和缩量洗盘过程。接下来是拉主升浪的过程。

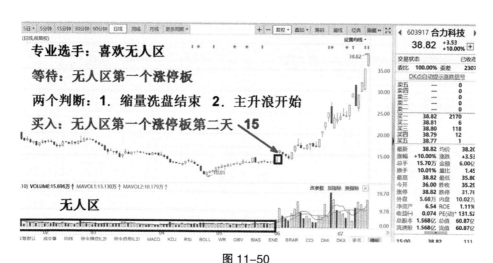

图 11-50

主升浪的买点：无人区第一个涨停板第二天买入，也就是 15 元。

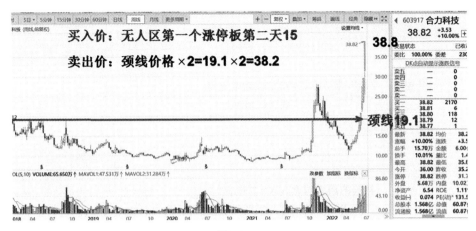

图 11-51

主升浪卖点 = 颈线价格 × 2=19.1 × 2=38.2 元。

（三）特殊案例

连续一字板开启主升浪，成功率更高，确定性也更高。

1. 中大力德

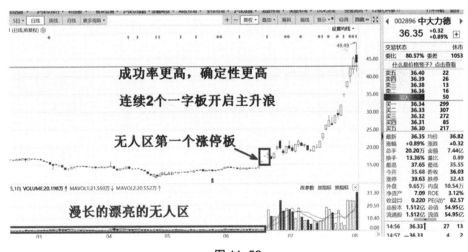

图 11-52

中大力德连续一字板开启主升浪，成功率更高，确定性也更高。

2. 捷荣技术

捷荣技术连续一字板开启主升浪，成功率更高，确定性也更高。

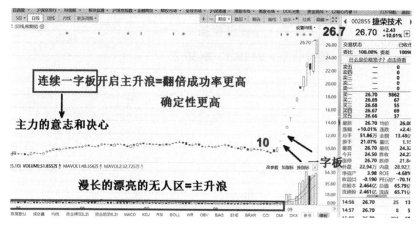

图 11-53

第四节　颈线战法

一、定义

颈线是关键压力位，在下跌趋势中，它是一条压力线，在上升趋势中就变成关键支撑位。

中广天择在没有突破颈线之前，颈线是关键压力位。一旦带量突破以

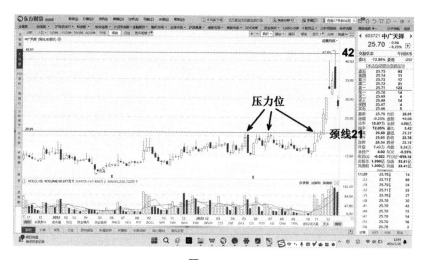

图 11-54

后，有可能在颈线基础上走快车道，快速翻倍。

二、颈线战法的两个必要条件

第一，必须底部堆量。

第二，必须突破颈线。

只有同时满足这两个条件，股票才有可能走翻倍行情，甚至翻5~10倍。我们的核心逻辑，量能决定高度。必须要有主力提前进场，才有可能发生翻倍行情。否则，靠一群散户，是没办法让股票翻倍的。

只有突破颈线以后，股票才能走快车道。没有突破颈线前，股票走势非常缓慢，一旦突破颈线，有可能成60度角，甚至80度角向上发展。

三、案例

1. 伊戈尔

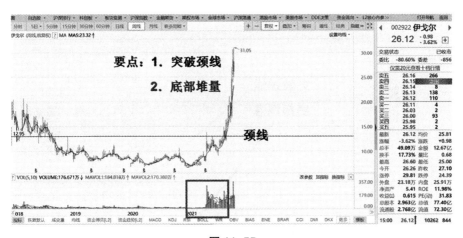

图 11–55

伊戈尔在颈线下方，在底部区域，明显有量能堆积，明显有主力提前建仓。没有突破颈线前，股票走势非常缓慢，一旦突破颈线，呈80度角向上发展，直接在颈线价格基础上翻倍。

2. 金辰股份

金辰股份在颈线下方，在底部区域，明显有量能堆积，明显有主力提前

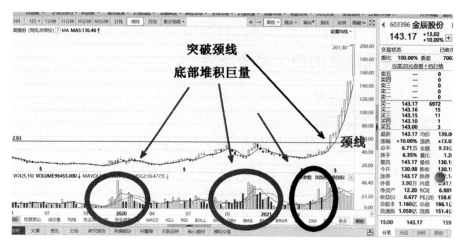

图 11-56

建仓。没有突破颈线之前，股票走势非常缓慢，一旦突破颈线，呈 60 度角向上发展，直接在颈线价格基础上翻倍。

3. 小康股份

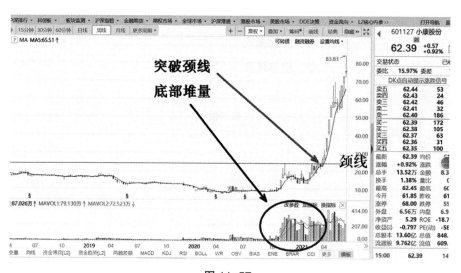

图 11-57

小康股份在颈线下方，在底部区域，明显有量能堆积，明显有主力提前建仓。没有突破颈线之前，股票走势非常缓慢，一旦突破颈线，呈 80 度角向上发展，直接在颈线价格基础上翻倍。

4. 朗姿股份

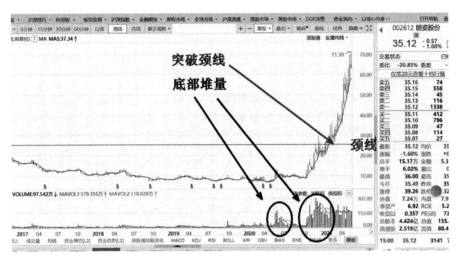

图 11-58

朗姿股份在颈线下方，在底部区域，明显有量能堆积，明显有主力提前建仓。没有突破颈线之前，股票走势非常缓慢，一旦突破颈线，呈 80 度角向上发展，直接在颈线价格基础上翻倍。

5. 西藏矿业

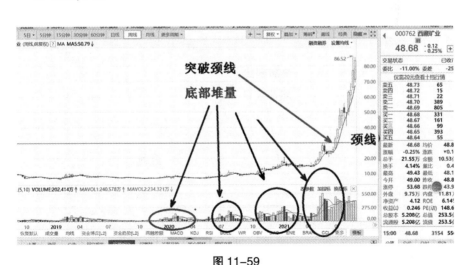

图 11-59

西藏矿业在颈线下方，在底部区域，明显有量能堆积，明显有主力提前建仓。没有突破颈线之前，股票走势非常缓慢，一旦突破颈线，呈 80 度角向上发展，直接在颈线价格基础上翻倍。

6. 大金重工

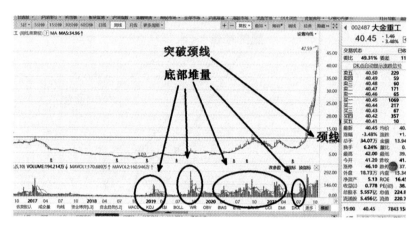

图 11-60

大金重工在颈线下方，在底部区域，明显有量能堆积，明显有主力提前建仓。没有突破颈线之前，股票走势非常缓慢，一旦突破颈线，呈 80 度角向上发展，直接在颈线价格基础上翻倍。

7. 中国中免

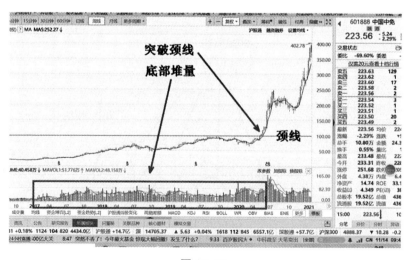

图 11-61

中国中免在颈线下方，在底部区域，明显有量能堆积，明显有主力提前建仓。没有突破颈线之前，股票走势非常缓慢，一旦突破颈线，呈60度角向上发展，直接在颈线价格基础上翻倍。

四、突破颈线，回踩颈线

放量突破颈线，代表主力在进场建仓。

缩量回踩颈线，代表主力在清洗跟风盘，清洗散户。

突破颈线，回踩颈线，目的是走翻倍行情。

1. 云赛智联

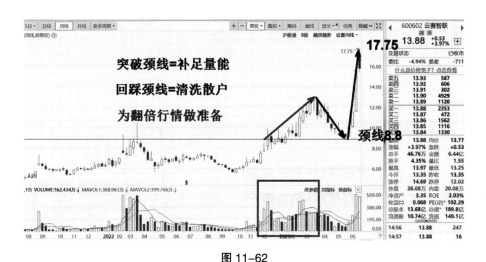

图 11-62

该股放量突破颈线，明显有主力资金建仓，缩量洗盘，清洗跟风盘，缩量洗盘的时候散户被清洗出去，接下来是主力出手拉升主升浪，走翻倍行情。

2. 人民网

该股放量突破颈线，明显有主力资金建仓，缩量洗盘，清洗跟风盘，缩量洗盘的时候散户被清洗出去，接下来是主力出手拉升主升浪，走翻倍行情。

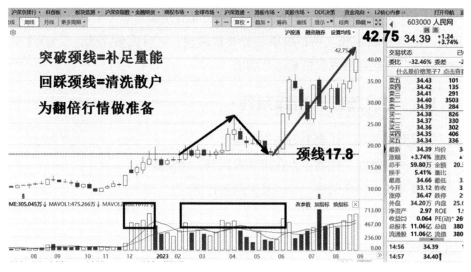

图 11-63

3. 拓维信息

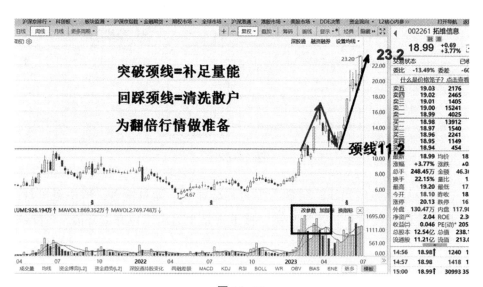

图 11-64

该股放量突破颈线，明显有主力资金建仓，缩量洗盘，清洗跟风盘，缩量洗盘的时候散户被清洗出去，接下来是主力出手拉升主升浪，走翻倍行情。

4. 贵绳股份

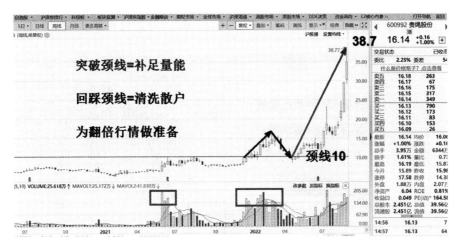

图 11-65

该股放量突破颈线，明显有主力资金建仓，缩量洗盘，清洗跟风盘，缩量洗盘的时候散户被清洗出去，接下来就是主力出手拉升主升浪，走翻倍行情。

5. 盛新锂能

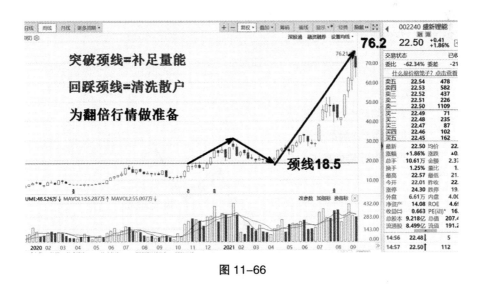

图 11-66

该股放量突破颈线，明显有主力资金建仓，缩量洗盘，清洗跟风盘，缩量洗盘的时候散户被清洗出去，接下来就是主力出手拉升主升浪，走翻倍行情。

6. 多氟多

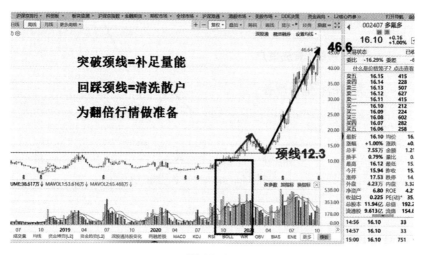

图 11-67

该股放量突破颈线，明显有主力资金建仓，缩量洗盘，清洗跟风盘，缩量洗盘的时候散户被清洗出去，接下来就是主力出手拉升主升浪，走翻倍行情。

7. 天齐锂业

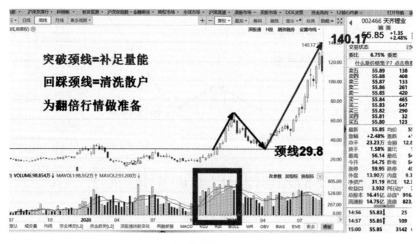

图 11-68

该股放量突破颈线，明显有主力资金建仓，缩量洗盘，清洗跟风盘，缩量洗盘的时候散户被清洗出去，接下来就是主力出手拉升主升浪，走翻倍行情。

五、颈线战法的作用就是判断目标位

（一）判断

学会判断一只股票未来的上涨空间有多大，就可以卖在非常舒服的价格。如果一只股票有一般主力，突破颈线，有可能翻倍。

目标价格＝颈线价格 ×2。

1. 德恩精工

图 11-69

目标价格＝颈线价格 ×2=18.3×2=36.6 元。

我们通过画颈线，可以提前预测一只股票的目标位。

2. 中国出版

目标价格＝颈线价格 ×2=8×2=16 元。

我们通过画颈线，可以提前预测一只股票的目标位。

图 11-70

3. 柯力传感

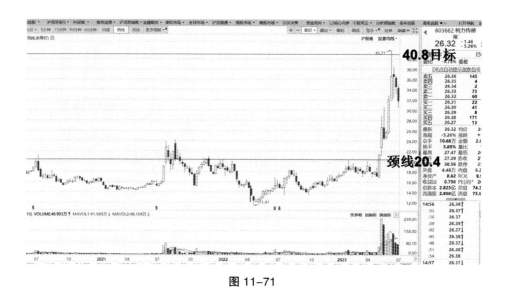

图 11-71

目标价格 = 颈线价格 × 2=20.4 × 2=40.8 元。

我们通过画颈线，可以提前预测一只股票的目标位。

4. 中马传动

图 11–72

目标价格 = 颈线价格 × 2=11.5 × 2=23 元。

我们通过画颈线，可以提前预测一只股票的目标位。

5. 常山药业

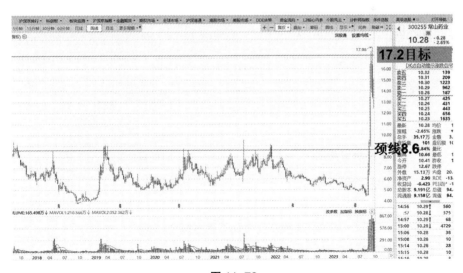

图 11–73

目标价格 = 颈线价格 × 2=8.6 × 2=17.2 元。

我们通过画颈线，可以提前预测一只股票的目标位。

6. 云赛智联

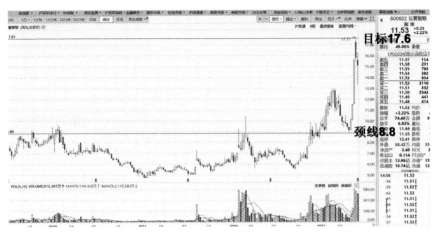

图 11-74

目标价格 = 颈线价格 ×2=8.8×2=17.6 元。

我们通过画颈线，可以提前预测一只股票的目标位。

（二）翻倍

如果一个股票有超级主力，可能在颈线的基础上翻 4~10 倍。

目标价格 = 颈线价格 ×4/5/10。

1. 北方华创

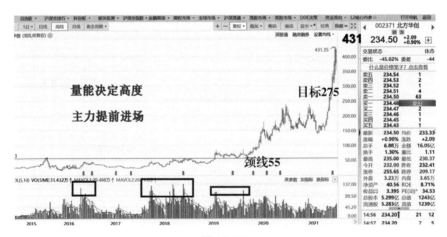

图 11-75

从周线量能来看，颈线下方明显有超级主力进场。

目标价格 = 颈线价格 ×4/5/10=55×8=440 元。

2. 恩捷股份

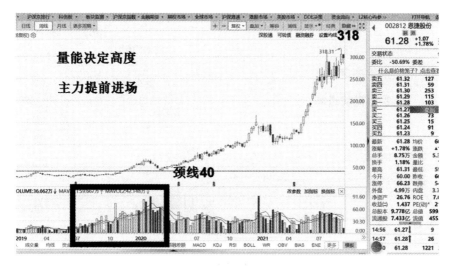

图 11-76

从周线量能看，颈线下方明显有超级主力进场。

目标价格 = 颈线价格 ×4/5/10=40×8=320 元。

3. 天华新能

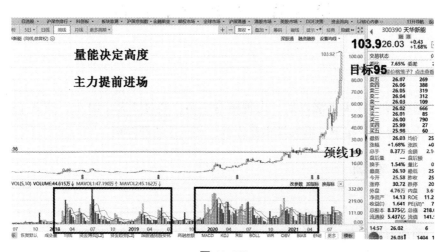

图 11-77

从周线量能来看，颈线下方明显有超级主力进场。

目标价格 = 颈线价格 ×4/5/10=19×5=95 元。

4. 比亚迪

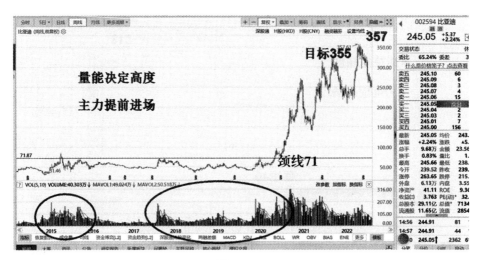

图 11-78

从周线量能来看，颈线下方明显有超级主力进场。

目标价格 = 颈线价格 ×4/5/10=71×5=355 元。

第五节　日线空中加油

一、定义

日线经过几天上涨以后，出现横盘震荡，经过 5 天、10 天，或者 15 天的一字横盘后，接下来继续拉出涨停板，甚至连续涨停板。

二、案例

1. 英力特

前面有涨停板，经过 5 天一字横盘，后面出现连续涨停板。

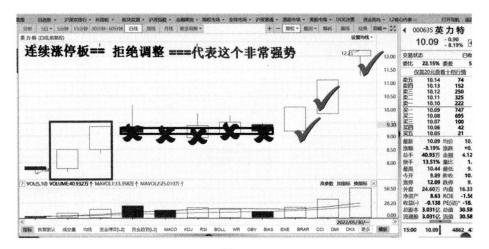

图 11-79

2. 国投中鲁

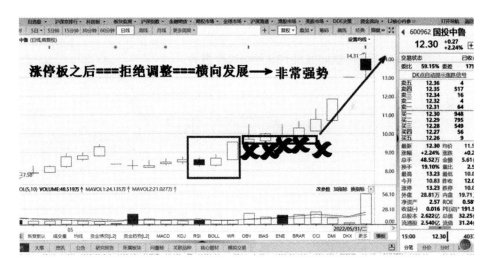

图 11-80

前面有涨停板，经过 5 天一字横盘，后面出现连续涨停板。

3. 宝塔实业

前面有涨停板，经过 5 天一字横盘，后面出现连续涨停板。

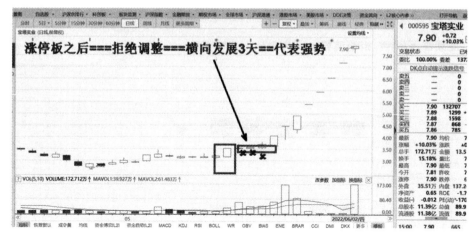

图 11-81

4. 敦煌种业

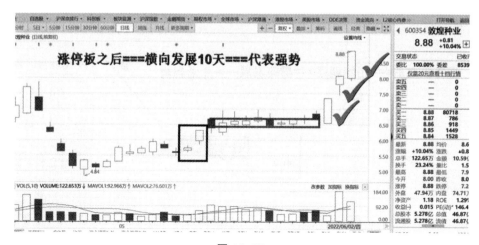

图 11-82

前面有涨停板，经过 8 天一字横盘，后面出现连续涨停板。

5. 小康股份

前面有涨停板，经过 8 天一字横盘，后面出现连续涨停板。

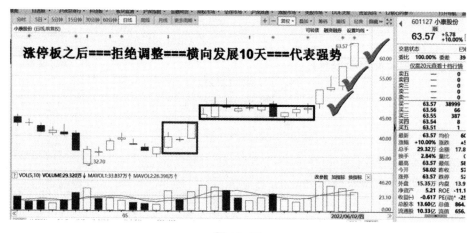

图 11-83

6. 特力 A

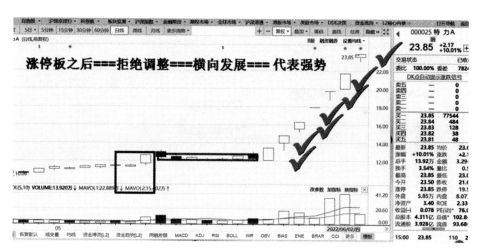

图 11-84

前面有涨停板，经过 5 天一字横盘，后面出现连续涨停板。

7. 中旗新材

前面有涨停板，经过 5 天一字横盘，后面出现连续涨停板。

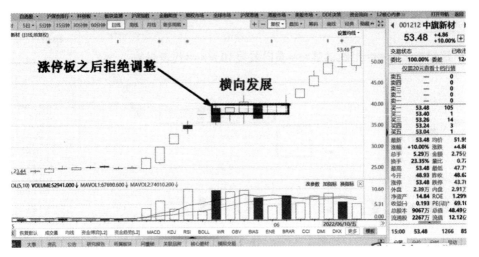

图 11-85

8. 新华制药

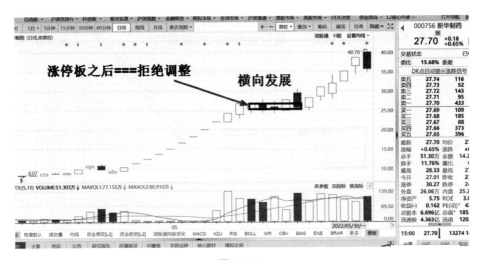

图 11-86

前面有涨停板，经过 5 天一字横盘，后面出现连续涨停板。

9. 宏柏新材

前面有涨停板，经过 8 天一字横盘，后面出现连续涨停板。

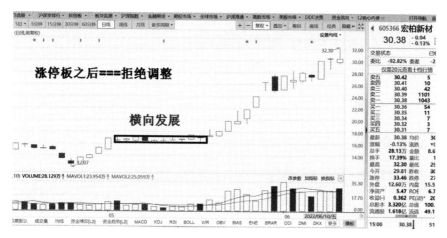

图 11-87

10. 长江健康

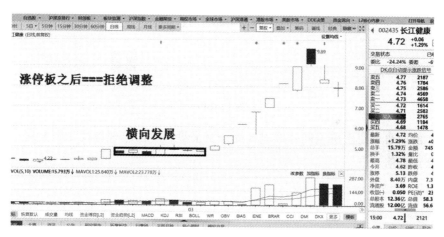

图 11-88

前面有涨停板，经过 8 天一字横盘，后面出现连续涨停板。

第六节　周线空中加油

一、定义

周线经过几周上涨以后，出现横盘震荡，经过 5 周、10 周，或者 15 周的一字横盘以后，接下来继续拉出涨停板，甚至连续涨停板。

周线级别出现空中加油，往往后市会翻倍。

底部级别空中加油时间，如果持续 20 周左右，可能翻 5~10 倍。

二、案例

1. 中国国贸

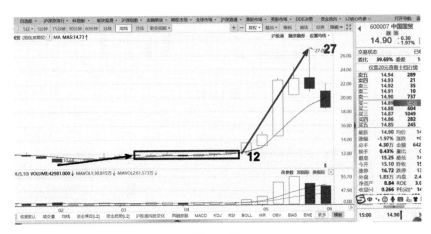

图 11-89

前面有一定上涨空间，经过 8 周一字横盘，后面出现连续几周上涨，直接涨到翻倍。

2. 精达股份

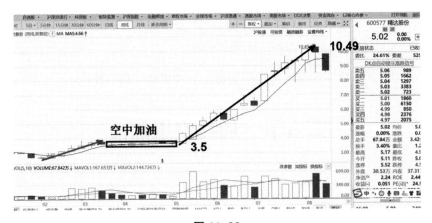

图 11-90

前面有一定上涨空间，经过 8 周一字横盘，后面出现连续几周上涨，直接涨到翻倍。

3. 诚迈科技

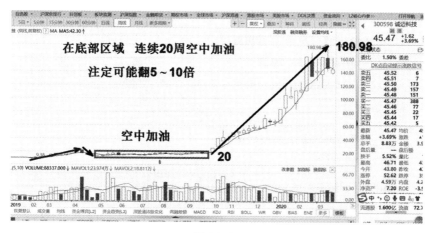

图 11-91

前面有一定上涨空间，经过 20 周一字横盘，后面出现连续几周上涨，直接涨到翻倍。

4. 北方稀土

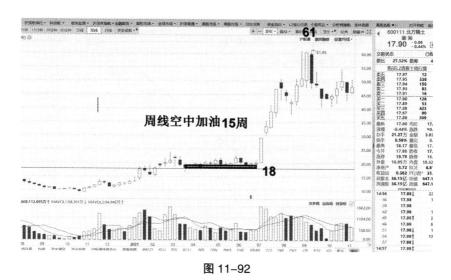

图 11-92

前面有一定上涨空间，经过 15 周一字横盘，后面出现连续几周上涨，直接涨到翻倍。

5. 钧达股份

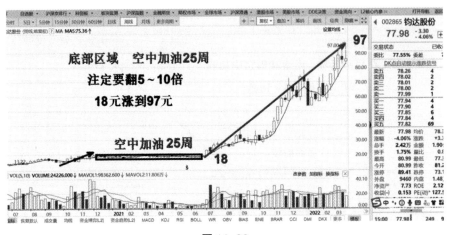

图 11-93

前面有一定上涨空间，经过 25 周一字横盘，后面出现连续上涨，直接涨到翻倍。

6. 永兴材料

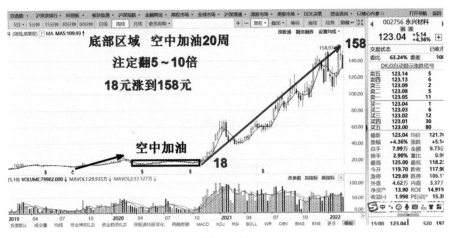

图 11-94

前面有一定上涨空间，经过 20 周一字横盘，后面出现连续上涨，直接涨到翻倍。

7. 剑桥科技

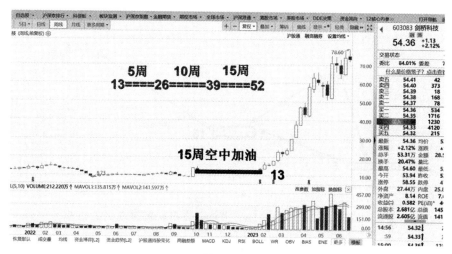

图 11-95

前面有一定上涨空间，经过 15 周一字横盘，后面出现连续上涨，直接涨到翻倍。

8. 上海电影

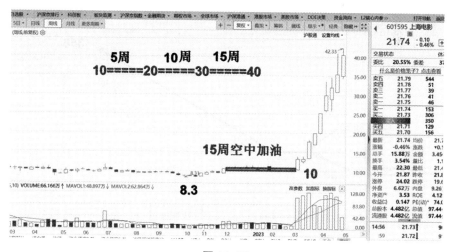

图 11-96

前面有一定上涨空间，经过 15 周一字横盘，后面出现连续上涨，直接涨到翻倍。

9. 中信特钢

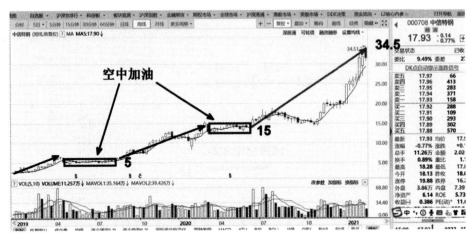

图 11-97

前面有一定上涨空间，经过两次周线空中加油，直接涨到翻倍。空中加油次数越多，未来翻得倍数越多。

10. 上机数控

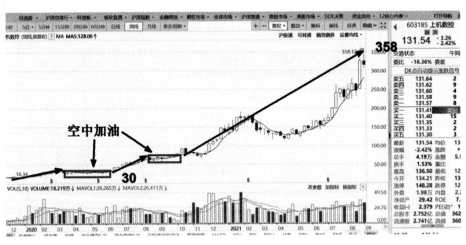

图 11-98

前面有一定上涨空间，经过两次周线空中加油，直接涨到翻倍。空中加油次数越多，未来翻得倍数越多。

三、格局大，才能成就卓越

一般人，盈利 10%~20%，就沾沾自喜。笔者要求学员，每一笔交易都要当成一幅作品，这幅作品拿出来，别人都是竖起大拇指，厉害，翻 5 倍、10 倍。

第七节　日线超级主力

一、我们跟着谁一起做股票才能赚钱

我们可以跟着散户一起做，散户资金实力比较弱小，不可能让一只股票涨停板，更不可能让一只股票翻倍。

我们可以跟着主力一起做，主力资金实力比较强大，它可以让一只股票涨停板，也可以让一只股票翻倍。

二、一般主力和超级主力

一般主力能够让一只股票翻 1 倍，

超级主力能够让一只股票翻 5~10 倍。

我们要跟着超级主力一起做股票。

超级主力分为日线超级主力和周线超级主力。

三、日线超级主力的定义

日线超级主力要求满足以下条件：

第一，在底部区域；

第二，连续五天；

第三，平均单日换手率 20% 以上。

如果同时满足三个条件，接下来有可能翻 5~10 倍。

四、案例说明

1. 浙江建投

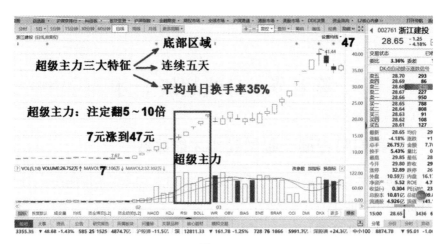

图 11-99

该股同时满足日线超级主力三个条件，在底部区域，连续五天，平均单日换手率 20% 以上，所以翻 5 倍以上。

2. 永太科技

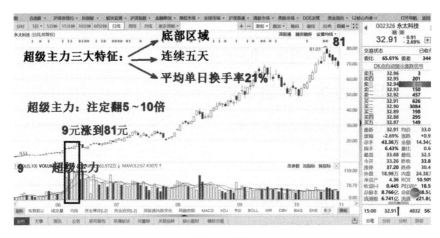

图 11-100

该股同时满足日线超级主力三个条件，在底部区域，连续五天，平均单日换手率 20% 以上，所以翻 5 倍以上。

3. 联创股份

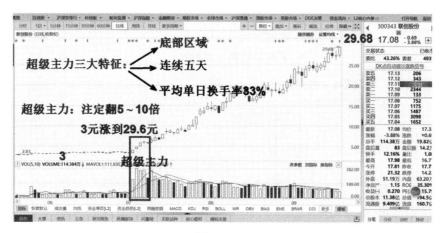

图 11-101

该股同时满足日线超级主力三个条件，在底部区域，连续五天，平均单日换手率 20% 以上，所以翻 5 倍以上。

4. 清水源

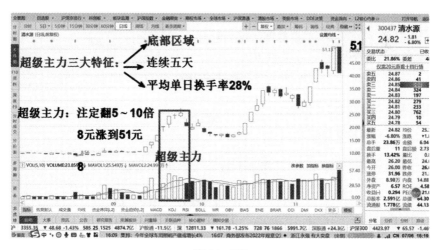

图 11-102

该股同时满足日线超级主力三个条件，在底部区域，连续五天，平均单日换手率 20% 以上，所以翻 5 倍以上。

5. 恒帅股份

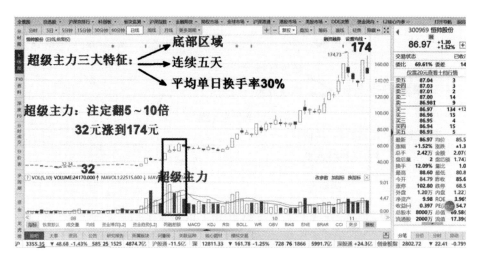

图 11-103

该股同时满足日线超级主力三个条件，在底部区域，连续五天，平均单日换手率 20% 以上，所以翻 5 倍以上。

6. 海辰药业

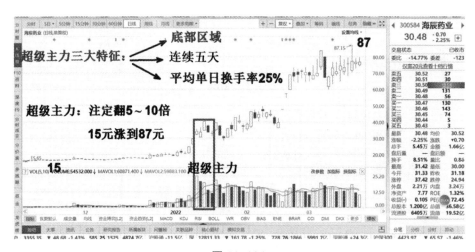

图 11-104

该股同时满足日线超级主力三个条件，在底部区域，连续五天，平均单日换手率 20% 以上，所以翻 5 倍以上。

7. 诚迈科技

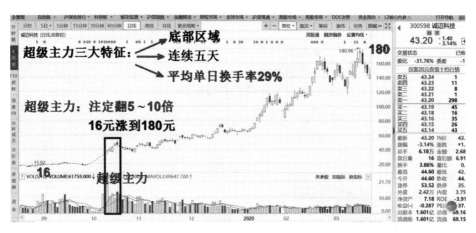

图 11-105

该股同时满足日线超级主力三个条件，在底部区域，连续五天，平均单日换手率 20% 以上，所以翻 5 倍以上。

8. 中青宝

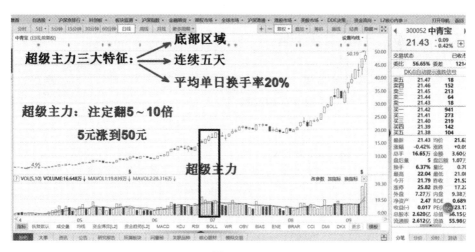

图 11-106

该股同时满足日线超级主力三个条件，在底部区域，连续五天，平均单日换手率 20% 以上，所以翻 5 倍以上。

9. 剑桥科技

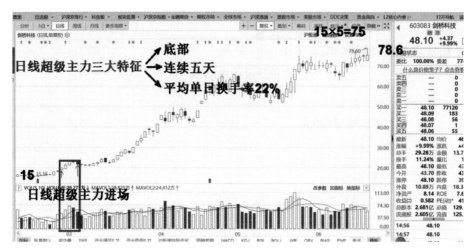

图 11–107

该股同时满足日线超级主力三个条件，在底部区域，连续五天，平均单日换手率 20% 以上，所以翻 5 倍以上。

10. 佰维存储

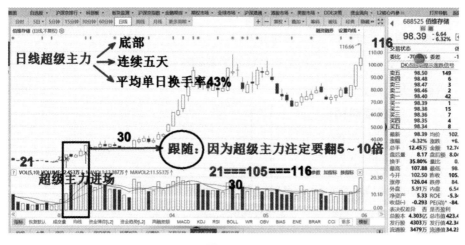

图 11–108

该股同时满足日线超级主力三个条件，在底部区域，连续五天，平均单日换手率 20% 以上，所以翻 5 倍以上。

11. 鸿博股份

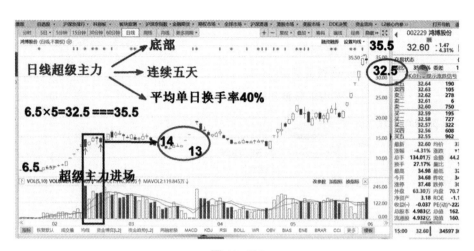

图 11-109

该股同时满足日线超级主力三个条件，在底部区域，连续五天，平均单日换手率 20% 以上，所以翻 5 倍以上。

12. 联特科技

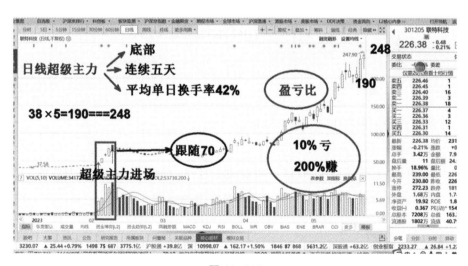

图 11-110

该股同时满足日线超级主力三个条件，在底部区域，连续五天，平均单日换手率 20% 以上，所以翻 5 倍以上。

13. 万兴科技

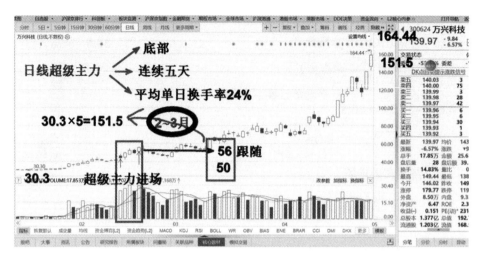

图 11-111

该股同时满足日线超级主力三个条件，在底部区域，连续五天，平均单日换手率 20% 以上，所以翻 5 倍以上。

第八节　周线超级主力

一、定义

我们首先来看看 10 倍量和 20 倍量。

10 倍量 = 平时成交量的 10 倍；20 倍量 = 平时成交量 20 倍。

在周线上有 5 根以上 20 倍量加 10 根以上 10 倍量，有超级主力进场。

有超级主力进场的股票，有可能在颈线基础上翻 5~10 倍。

二、案例

1. 亿纬锂能

该股在周线上有 7 根 20 倍量和 50 根 10 倍量，所以它是周线超级主力的票。

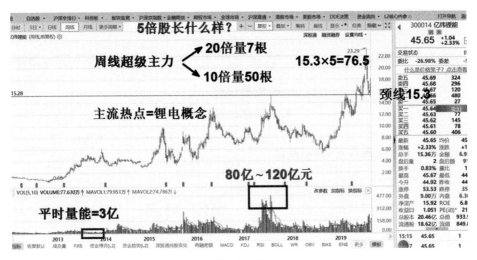

图 11-112

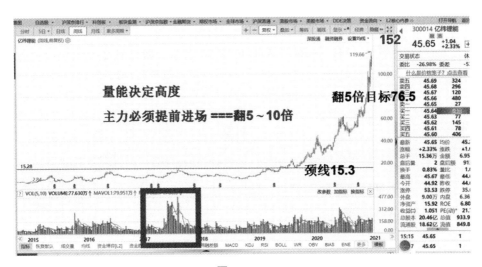

图 11-113

周线超级主力的票，在颈线基础上翻 5~10 倍。

该股从 15.3 元涨到 152 元。

2. 北方华创

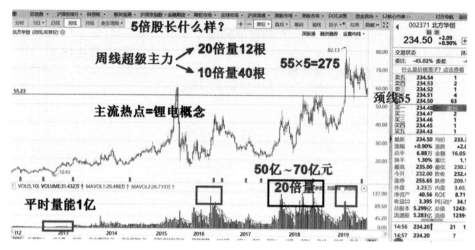

图 11-114

该股在周线上有 12 根 20 倍量和 40 根 10 倍量，所以它是周线超级主力的票。

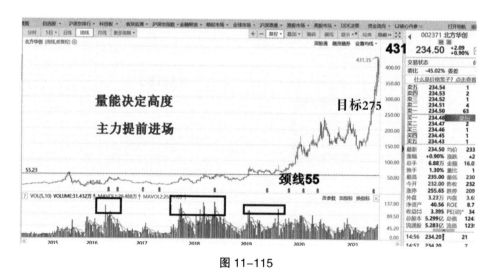

图 11-115

周线超级主力的票，在颈线基础上翻 5~10 倍。

该股从 55 元涨到 431 元。

3. 比亚迪

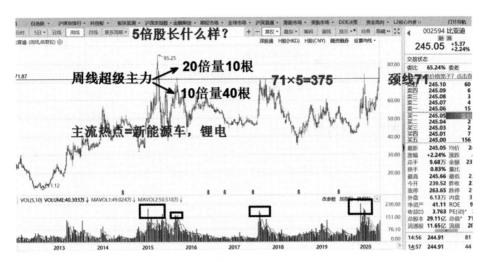

图 11-116

该股在周线上有 10 根 20 倍量和 40 根 10 倍量，所以它是周线超级主力的票。

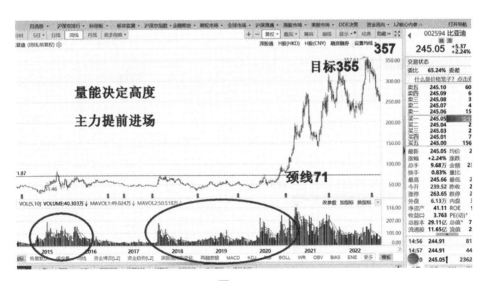

图 11-117

周线超级主力的票，在颈线基础上翻 5~10 倍。

该股从 71 元涨到 357 元。

4. 恩捷股份

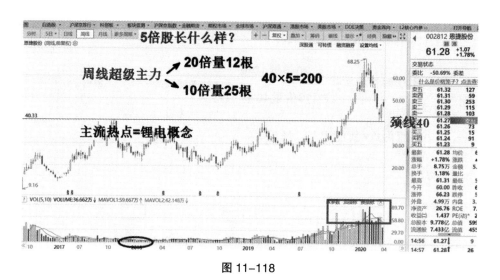

图 11-118

该股在周线上有 12 根 20 倍量和 25 根 10 倍量，所以它是周线超级主力的票。

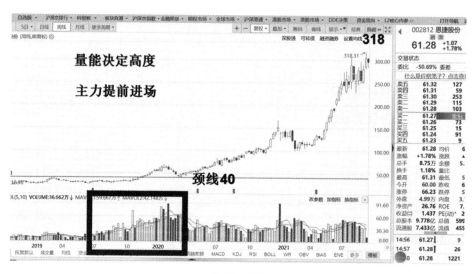

图 11-119

周线超级主力的票，在颈线基础上翻 5~10 倍。

该股从 40 元涨到 318 元。

5. 方大炭素

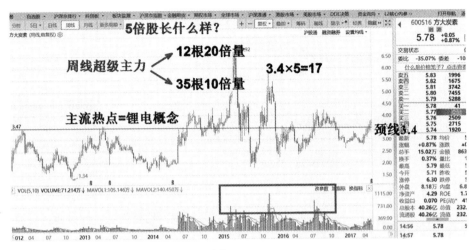

图 11-120

该股在周线上有 12 根 20 倍量和 25 根 10 倍量，所以它是周线超级主力的票。

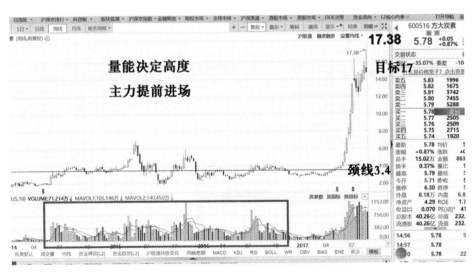

图 11-121

周线超级主力的票，在颈线基础上翻 5~10 倍。

该股从 3.4 元涨到 17.38 元。

6. 富临精工

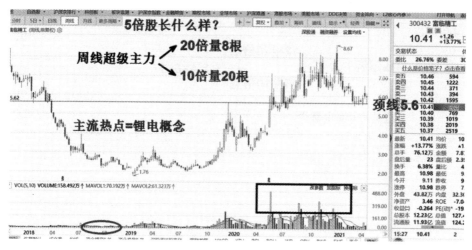

图 11-122

该股在周线上有 8 根 20 倍量和 20 根 10 倍量，所以它是周线超级主力的票。

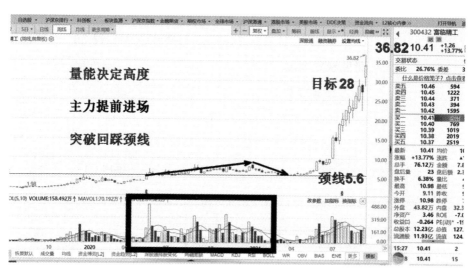

图 11-123

周线超级主力的票，在颈线基础上翻 5~10 倍。

该股从 5.6 元涨到 36.82 元。

7. 龙蟠科技

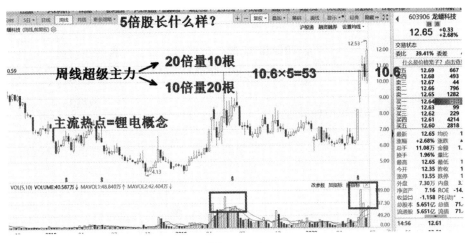

图 11-124

该股在周线上有 10 根 20 倍量和 20 根 10 倍量，所以它是周线超级主力的票。

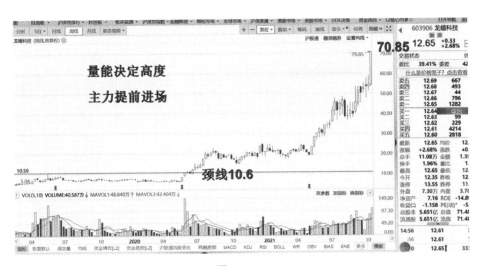

图 11-125

周线超级主力的票，在颈线基础上翻 5~10 倍。

该股从 10.6 元涨到 70.85 元。

8. 融捷技术

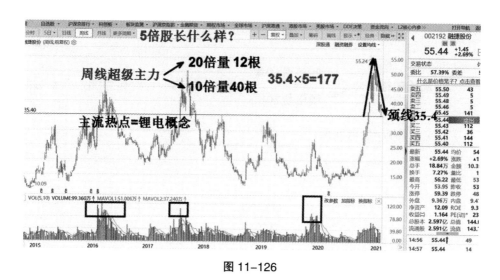

图 11-126

该股在周线上有 12 根 20 倍量和 40 根 10 倍量，所以它是周线超级主力的票。

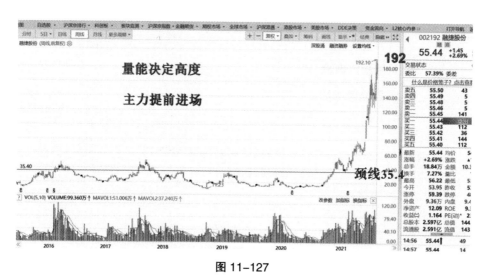

图 11-127

周线超级主力的票，在颈线基础上翻 5~10 倍。

该股从 35.4 元涨到 192 元。

9. 天华新能

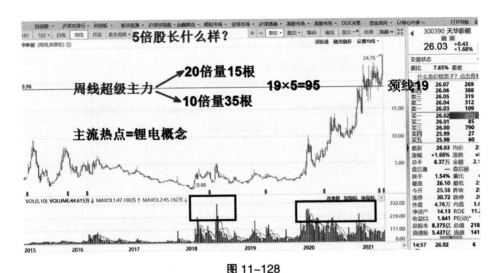

图 11-128

该股在周线上有 15 根 20 倍量和 35 根 10 倍量，所以它是周线超级主力的票。

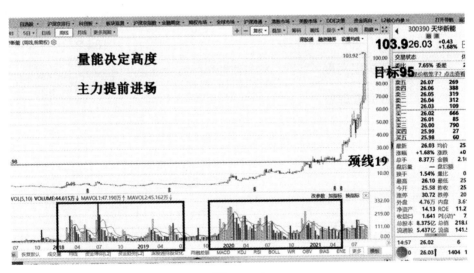

图 11-129

周线超级主力的票，在颈线基础上翻 5~10 倍。

该股从 19 元涨到 103.9 元。

10. 英科医疗

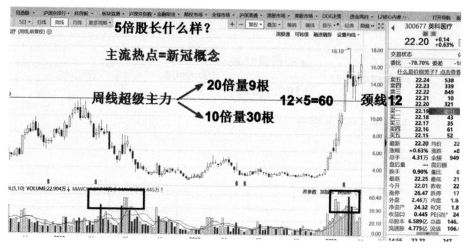

图 11–130

该股在周线上有 9 根 20 倍量和 30 根 10 倍量，所以它是周线超级主力的票。

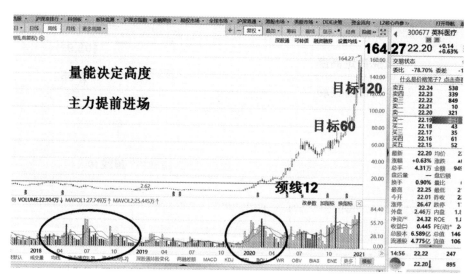

图 11–131

周线超级主力的票，在颈线基础上翻 5~10 倍。

该股从 12 元涨到 164.27 元。

11. 雅本化学

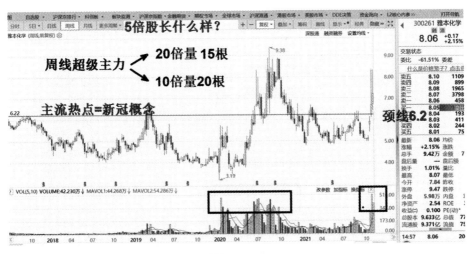

图 11-132

该股在周线上有 15 根 20 倍量和 20 根 10 倍量，所以它是周线超级主力的票。

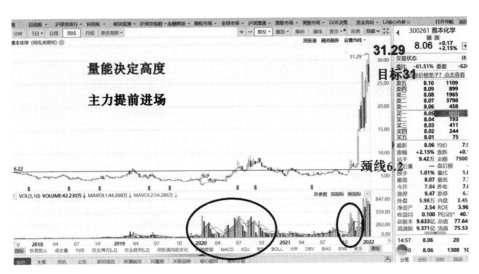

图 11-133

周线超级主力的票，在颈线基础上翻 5~10 倍。

该股从 6.2 元涨到 31.29 元。

12. 九安医疗

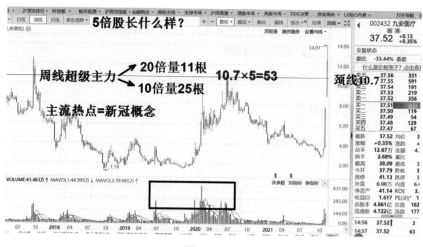

图 11-134

　　该股在周线上有 11 根 20 倍量和 25 根 10 倍量，所以它是周线超级主力的票。

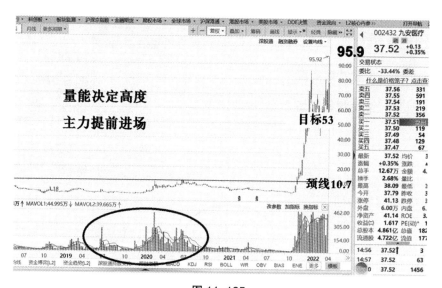

图 11-135

　　周线超级主力的票，在颈线基础上翻 5~10 倍。

　　该股从 10.7 元涨到 95.9 元。

13. 钧达股份

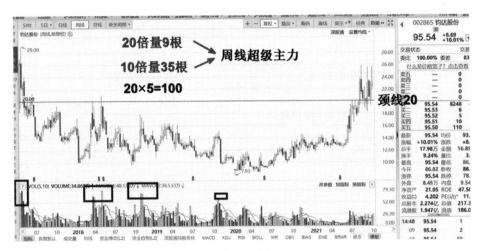

图 11-136

该股在周线上有 9 根 20 倍量和 35 根 10 倍量，所以它是周线超级主力的票。

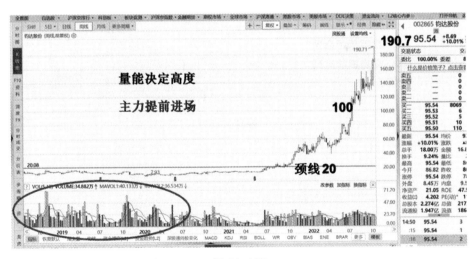

图 11-137

周线超级主力的票，在颈线基础上翻 5~10 倍。

该股从 20 元涨到 190.7 元。

14. 中矿资源

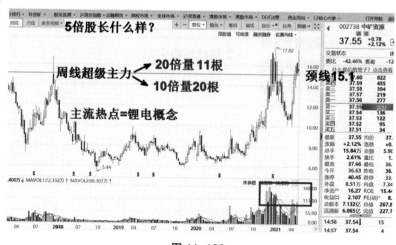

图 11-138

该股在周线上有 11 根 20 倍量和 20 根 10 倍量，所以它是周线超级主力的票。

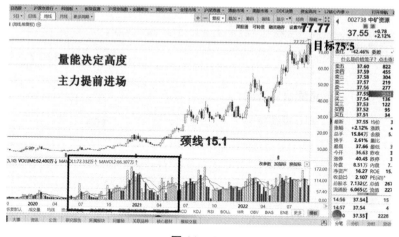

图 11-139

周线超级主力的票，在颈线基础上翻 5~10 倍。

该股从 15.1 元涨到 77.77 元。